U0866783

复杂信息系统业务与技术适配方法

张萌萌 陈洪辉 罗爱民 刘俊先 编著

国防工业出版社
·北京·

内容简介

本书针对复杂信息系统业务与技术适配问题，综述分析了当前采用体系结构方法解决适配问题的主要方法和局限问题，从适配的度量、适配的实现、适配的演化与治理等方面入手，提出行之有效的解决办法，为复杂信息系统业务与技术适配的理论研究和实践应用提供支撑。

本书可供：主管大型复杂信息系统体系顶层规划的业务人员，从事体系结构研究和开发的工程人员，相关专业院校老师、学生以及其他对体系适配和体系结构感兴趣的人员，参考、学习和使用。

图书在版编目（CIP）数据

复杂信息系统业务与技术适配方法 / 张萌萌等编著.—北京：国防工业出版社，2023.5

ISBN 978-7-118-12818-5

Ⅰ. ①复…　Ⅱ. ①张…　Ⅲ. ①信息系统　Ⅳ.①G202

中国国家版本馆 CIP 数据核字（2023）第 062752 号

※

国防工业出版社出版发行

（北京市海淀区紫竹院南路 23 号　邮政编码 100048）

北京虎彩文化传播有限公司印刷

新华书店经售

*

开本 710×1000　1/16　**印张** 12¼　**字数** 212 千字

2023 年 5 月第 1 版第 1 次印刷　**印数** 1—1000 册　**定价** 98.00 元

（本书如有印装错误，我社负责调换）

国防书店：（010）88540777　　书店传真：（010）88540776

发行业务：（010）88540717　　发行传真：（010）88540762

前 言

业务与信息技术的适配（Business and Information Technology Alignment，BITA）是指复杂信息体系要素之间的相互匹配状态，如战略、业务、组织、系统、技术等体系要素之间均需要相互匹配，矫正失衡错配问题，促进目标的实现。从层次上划分，BITA 可以表现为体系的战略层（业务战略、IT 战略等）、业务层（业务流程、组织结构等）、执行层（信息系统、业务执行者、IT 执行者等）相互影响、相互匹配、实现共同目标的过程。BITA 问题的研究对象包括政务信息体系、企业业务信息体系、联合作战体系等。以企业为例，淘宝为应对用户数量急剧增长、支持千万级数据并发、支撑业务运营不断发展，采用负载均衡、微服务、云平台等技术手段先后进行 10 余次技术架构演进转型，极大提高了业务执行效率。以联合作战体系为例，伊拉克战争中，美军存在各部门之间、各军种之间以及同盟军之间的信息系统和信息共享缺失的问题，作战流程与信息系统匹配失衡，导致系统互操作困难、通信系统不兼容，出现美军和英军频频发生误伤等现象。可以说，BITA 是实现政府数字化转型、企业业务流程优化、军队网络信息体系建设等复杂信息体系目标的重要前提。

BITA 一直是政府、企业、军队等领域复杂信息体系战略规划与建设发展中面临的重要管理问题。2021 年发布的《国民经济和社会发展第十四个五年规划和 2035 年远景目标纲要》指出，要“提升供给体系适配性；深化供给侧结构性改革，提高供给适应引领创造新需求能力；破除制约要素合理流动的堵点，矫正资源要素失衡错配；提高数字政府建设水平，全面推进政府运行方式、业务流程和服务模式数字化智能化；将数字技术广泛应用于政府管理服务，推动政府治理流程再造和模式优化”，资源要素适配均衡在政府与行业等领域体系建设中的重要作用。同样，习主席在强调军队网络信息体系建设时指出，“要扭住网络信息体系这个抓手，推动信息化建设实现跨越式发展；要运用信息技术的渗透性和联通性，把多种作战力量、作战单元、作战要素融合为一个有机整体”。上述对体系要素有机整合的要求为复杂信息体系 BITA 提出了现实需求。国际 IT 管理机构（Global Institute of IT Management）通过长达十余年的实证调查，发现 BITA 是最核心的复杂体系管理问题，自 2007 年以来一直占据体系管理问题前三名。

然而，经过几十年的研究，BITA 在实践应用方面步履维艰。本书通过综合分析，挖掘出该问题未得到充分解决的主要原因如下：①由于动态多变的环境与组织因素，BITA 问题的复杂度越来越高，当前方法在处理复杂性方面存在不足；②针对 BITA 的动态演化特征，BITA 成熟度难以得到持续度量，缺乏系统化的度量流程与度量采集方法；③复杂信息系统是包含众多个体的复杂智能体，个体行为的不确定性为 BITA 的实现与演化提出了挑战，当前方法在处理 BITA 演化与治理方面存在缺陷。

采用体系结构方法解决 BITA 问题是当前 BITA 研究的一个重要分支和主要手段。体系结构是描述系统的基本组件、它们之间的关联关系以及随环境演化的原则和指南。研究学者认为体系结构在梳理业务与 IT 要素关系、描述组织演化等方面存在优势。本书综合分析基于体系结构的 BITA 研究成果，并且与上述 BITA 研究问题进行比较，发现当前研究存在以下典型问题：①研究学者倾向于采用体系结构方法解决结构维度（业务结构与信息技术结构）的 BITA 问题，而对于人因维度（业务人员与信息技术人员）适配的描述与实现能力不足，而人因维度正是 BITA 复杂性问题的主要来源；②当前方法重点考虑基于体系结构的 BITA 实现框架，但如何根据体系结构框架以及设计数据评估 BITA 成熟度仍不明确；③当前体系结构研究倾向于通过自顶向下的体系规划来匹配业务与 IT 要素，缺少对体系运行过程中个体行为不确定性的描述与引导，BITA 演化治理能力不足。

结合 BITA 研究趋势，本书重点介绍基于体系结构的 BITA 关键技术，将研究背景放在愈发突出的 BITA 复杂性场景下，从基于体系结构的 BITA 度量、基于体系结构的 BITA 实现、体系结构人因视角设计、体系结构智能体建模等方面进行分析，旨在通过体系结构技术更好地解决复杂信息系统 BITA 问题，具体结构如下。

（1）综述分析当前采用体系结构方法解决 BITA 问题的具体途径，挖掘研究薄弱点，为读者开展相关研究提供基础。

（2）以典型 BITA 成熟度模型为度量依据，结合体系结构数据元模型以及描述模型，建立数据元模型与 BITA 成熟度度量指标的映射关系，构建基于体系结构数据元模型的 BITA 度量方法，同时根据上述体系结构设计阶段与运行阶段的 BITA 数据，实现持续 BITA 度量。

（3）从 IT 治理的资源分配维度出发，考虑面向体系资源分配的 BITA 动态实现方法，通过量化分析手段开展研究。

（4）分析业务与 IT 相互演化的相关研究，挖掘 BITA 相互演化的治理原则，提出采用体系结构技术实现 BITA 相互演化的方法。

（5）从 BITA 人因适配维度出发，设计体系结构人因视角，梳理面向人因适配的体系结构数据元模型，确定人因视角与其他体系结构视角以及描述模型的关联关系，构建基于人因视角的 BITA 实现方法，达到在体系结构设计阶段自顶向下实现 BITA 的效果。

（6）根据上述人因视角梳理相关数据，采用智能体建模（Agent Based Modelling，ABM）方法构建BITA智能体模型，分析个体涌现行为以及治理原则对BITA实现的影响，挖掘BITA演化治理模式，在体系结构运行阶段对个体行为进行引导与控制，自底向上实现BITA演化治理。

总之，通过分析复杂背景下复杂信息系统BITA实现与治理研究，为基于体系结构的BITA前沿研究提供理论支撑，同时考虑BITA应用问题，从传统难以解决的复杂性管理控制角度切入，为BITA实践奠定基础。

对所有在本书的写作和出版过程中给予热情帮助与支持的朋友表示感谢。由于作者水平有限，书中难免有不妥之处，敬请同仁和读者不吝赐教。

作者

2022年12月于长沙

目　录

第 1 章
概念、相关研究与存在问题

01

It’s the project from hell. The developers are sullen; the marketing folks are panicked; the executive sponsor doesn’t seem solidly behind the project; and the business champions—trying desperately to facilitate communications and reduce chaos—feel like they’re bailing out the Titanic with a teaspoon. We’ve all been there and wondered what went wrong. Often, the problem stems from a lack of IT-business alignment.

这好像是来自地狱的项目。开发商们闷闷不乐；营销人员惊慌失措；执行赞助商似乎并不坚定地支持该项目；而那些拼命促进沟通、减少混乱的业务人员，感觉就像是在用茶匙拯救泰坦尼克号。我们都经历过这些，想知道出了什么问题。通常，问题源于缺乏业务与信息技术的适配。

Jerry Luftman–2003

1.1 概念

1.1.1 复杂信息系统相关概念

随着信息技术（Information Technology，IT）和网络技术的飞速发展，信息化、网络化时代已经到来。无论在社会、经济、生产领域还是军事领域，在信息化催生的复杂多样和快速变化的需求牵引以及信息技术发展的推动下，我们面临的信息系统的规模越来越大，系统中的要素不但数量庞大，而且种类繁多，相互之间的关系也日益复杂。复杂信息系统的复杂性、不确定性、涌现性、动态性等成为制约复杂信息系统研究与发展的主要特征与挑战。而如何更好地满足客户需求、实现系统要素之间的互联、信息的互通、应用上的互操作以及如何将信息转化为价值等问题变得日益突出。

以军事信息系统为例，我军信息系统在军事需求和信息技术的共同推动下，已大致历经初始发展、军兵种独立建设和跨集成建设三个阶段，相继发展了三代系统，即面向单一任务、采用主机加终端结构的第一代系统，面向军兵种作战、采用局域网互连结构的第二代系统，以及面向重点方向联合作战、采用广域网互连结构的第三代系统。“十二五”时期以来，为了适应一体化联合作战和遂行多样化任务的要求，同时解决信息系统建设中长期存在的顶层设计不足、基础设施薄弱、一体化水平低等突出问题，我军开始全面谋划构建具有网络中心、面向服务等特征的第四代信息系统，构建网络信息体系，支撑信息化的军事体系。

目前，云计算、大数据、物联网、人工智能等新技术逐步应用，使复杂信息系统建设朝新方向发展：①从网络中心向知识中心，系统发展不再局限于以网络为中心的要素互连层次，而向信息聚合、语义互联、知识应用的更高层次转变，智能泛在并逻辑组网，辅助形成决策优势、行动优势。②从广域互联向泛在物联，网络覆盖范围不断拓展，系统从基于广域网的多点互联结构逐步向基于泛在网络的人、机、物普适互联结构转变，为快速高效的军事行动提供支撑。③从局域共享到云端协同，网络化、服务化程度不断提高，加速信息系统功能、数据向云端迁移，使得传统局域共享、跨域协同机制逐步向云端互动、全域协同的新机制转变，形成泛在的作战云，聚合信息、知识，实现更大能力的释放。④从系统安全向赛博安全，网络技术不断向物理空间、社会空间渗透，信息系统边界日趋模糊，物理实体、社会个体有机融入系统，致使以信息技术系统为对象的传统安全防护机制静态化、碎片化，推动系统安全范畴向赛博空间或网络空间拓展。⑤从刚性定制向柔性定义，软件定义技术与多样化任务（或活动）需求充分结合，推动面向任务（或应用）定制的刚性结构系统逐步向动态适变的柔性结构系统转变，极大地增强了信息系统的敏捷性。相应地，信息系统工程方法也逐步从系统工程（Systems Engineering, SE）向体系工程（Systems-of-Systems Engineering, SoSE）发展，由单系统或单装备研制向体系顶层设计、建模仿真、综合集成、试验评估等转变，更加关注基于能力的需求分析、模型驱动的体系结构设计、面向全域互操作的标准体系构建，更加注重体系能力集成、测试、交付与维护。

无论是从现实问题急需，还是从信息系统建设内在要求，以及信息系统技术发展趋势，都迫切要求我们更加突出复杂信息系统的复杂性和体系性，以新的视角深刻地揭示复杂信息系统的内涵、机理及模式，探索形成适应新体制的体系工程方法。

1.1.2　业务与信息技术适配概念

从 20 世纪 80 年代开始，复杂信息系统业务与信息技术的适配问题受到了研究学者的广泛关注。该问题也有一些相关的其他描述，如战略适配、业务适配、人因适配等。关于该问题的研究，最初倾向于考虑信息技术投资对业务能力的支撑，并没有特别突出适配的概念。自 Henderson 和 Venkatraman 在 1993 年提出战略适配模型（Strategy Alignment Model, SAM）之后，BITA 问题受到了普遍的重视，IT 被看作是影响组织战略的关键因素。根据国际 IT 管理趋势组织的调查报告，BITA 问题自从 2000 年开始一直被组织的业务决策者和 IT 决策者评为最关心的管理问题前三名，并多年占据第一名，部分报告结果如图 1.1 所示。企业决策者普遍认为，BITA 问题的解决有助于最大化 IT 投资效率、提高组织适应变化的灵活性以及提高组织效能等。

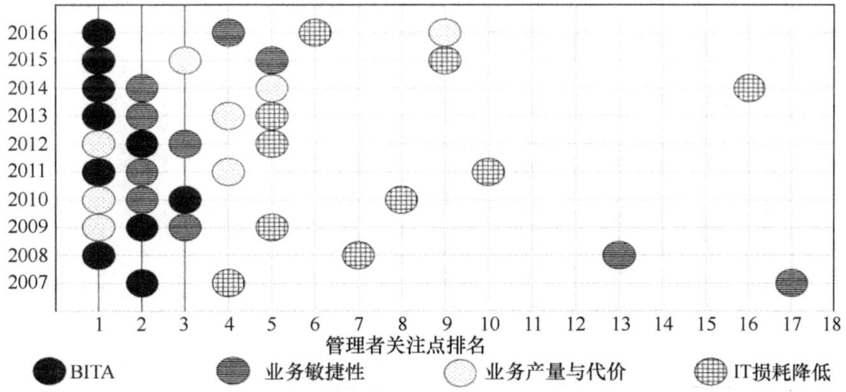

图 1.1　国际 IT 管理趋势组织的调查结果

对于政府部门而言，BITA 体现在业务流程与信息技术手段之间的适配，例如应急业务流程与信息技术的适配可以有效解决紧急业务需求，实现信息快速流转；对于企业而言，BITA 体现在为持续满足用户需求，采用先进技术手段实现业务流程优化，提高企业效能，例如淘宝为应对用户数量急剧增长、支持千万级数据并发、支撑业务运营不断发展，采用负载均衡、微服务、云平台等技术手段先后进行十余次技术架构演进转型，极大提高了业务执行效率；对于军事作战而言，BITA 体现在为打赢信息化战争，采用信息系统与技术支撑作战流程的实现，以及采用新型技术重构传统的作战流程，增强作战流程的高效性，例如伊拉克战争由于美国政府各部门之间、各军种之间以及同盟军之间的信息系统和信息共享缺失的问题，导致美军各种指挥信息系统软件版本不统一、系统互操作困难、通信系统不兼容、美英军队频频发生误伤等现象层出不穷。

Henderson 和 Venkatraman 认为，BITA 是业务域与 IT 域体系要素之间的相互支撑状态。SAM 模型如图 1.2 所示，主要包括业务战略、IT 战略、组织

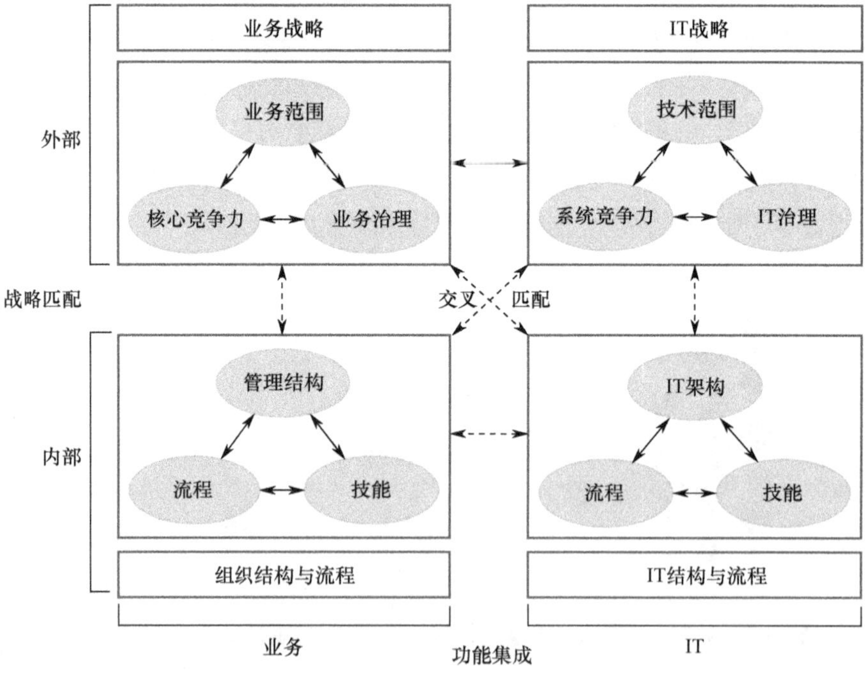

图 1.2　Henderson 和 Venkatraman 提出的战略适配模型（SAM）

结构与流程、IT 结构与流程等要素。其中，业务战略主要描述业务范围、核心竞争力、业务治理等内容；IT 战略主要描述技术范围、系统竞争力、IT 治理等内容；组织结构与流程主要描述管理结构、流程、技能等内容；IT 结构与流程主要描述 IT 架构、流程、技能等内容。

Henderson 和 Venkatraman 认为，业务战略与 IT 战略属于企业的外部范畴，组织结构与流程和 IT 结构与流程属于企业内部范畴，并把外部与内部的适配归类为战略匹配。从另外一个角度而言，他们认为业务战略和组织结构与流程均属于业务范畴，IT 战略和 IT 结构与流程均属于 IT 范畴，把业务与 IT 的适配归类为功能集成。同时，他们描述了不同内容之间的交叉匹配关系。该模型认为一个复杂组织的 BITA 问题主要包括战略适配、功能集成以及交叉适配等内容。

该模型的另外一个创新是 Henderson 和 Venkatraman 提出了 4 种适配视角，将业务战略与 IT 战略作为适配的起始环节，描述不同情况下适配的驱动因素。例如对于业务战略引起的适配而言，可能的驱动为顶层管理者的改变、业务战略的改变等，如图 1.3（a）所示。基于此，他们认为 BITA 并不是一个终止态，而是一个不断演化的过程，而模型包含的 4 种要素均可以驱动 BITA 的演进。

SAM 模型为 BITA 适配问题提供了统一的认识，但是当前仍缺乏 BITA 的普遍定义。Sauer 和 Yetton 在 1997 年时提出对 IT 的管理应该参照业务的管理方式，并认为这是 BITA 的核心思想。Reich 和 Benbasat 认为 BITA 是指业务战略的使命、目标、计划等被 IT 相关内容所支撑。McKeen 和 Smith 认为 BITA 是指组织内部的目标、活动以及支撑它们的系统所呈现出的协调一致的状态。Campbell 认为 BITA 是业务与 IT 一起努力实现共同目标的过程。Abraham 认为组织内的所有元素朝着相同方向运行便可以实现 BITA。总之，研究学者普遍认为，BITA 是一个业务与 IT 相互影响、相互适配，并且实现共同目标的过程。在企业的运行过程中，应该时刻把握业务内容与 IT 内容的匹配关系，保证业务与 IT 朝着同样的方向演进，才能应对企业可能发生的变化，高效实现企业效能。

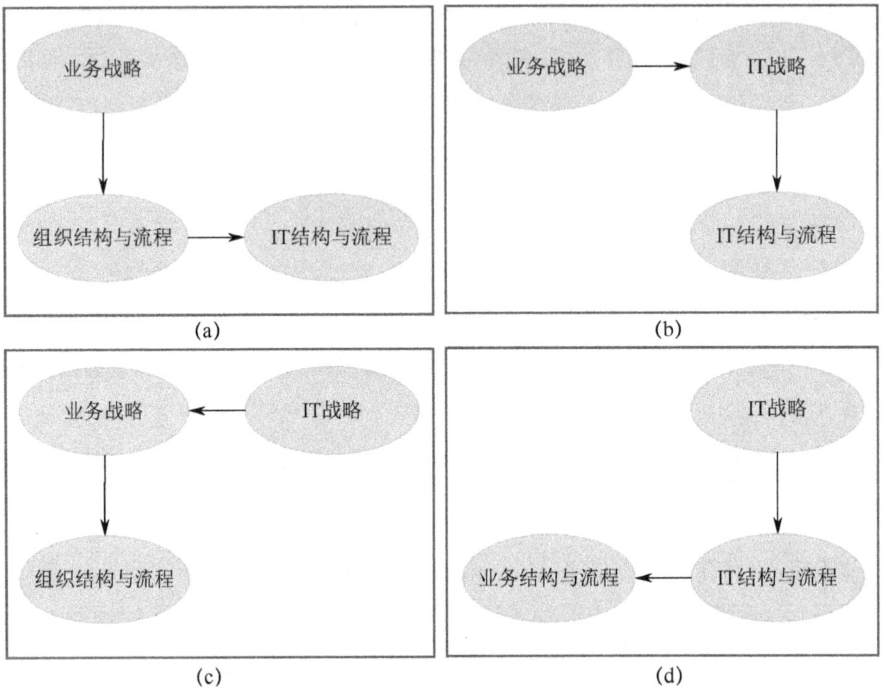

图 1.3　SAM 涉及的不同匹配类别

经过 30 年的发展，关于 BITA 的研究取得了丰富的成果。相关研究立足于 BITA 的度量、BITA 的演化、BITA 的种类与维度、基于体系结构的 BITA 分析、BITA 与其他问题（如敏捷性、组织效能）的关系等多个方面，丰富的先验成果为复杂信息系统 BITA 问题的研究提供了参考。

1.2　相关研究

当前，BITA 研究取得了丰硕的理论成果，一些研究学者以综述的形式归纳了当前的研究成果。Chan 和 Reich 在 2007 年时发表了综述文章，从 BITA 的研究动机、挑战、BITA 类型与维度、未来发展等多个角度总结了 BITA 的研究成果。他们认为 BITA 的研究动机主要来自 3 个方面：与知识相关的挑战，即不了解企业战略、缺乏对 BITA 重要性的认知、缺乏工业知识等；与决策控制权相关的挑战，即负责人根据决策权进行决策，缺乏沟通交流；与组织变化相关的挑战，即快速变化的业务与技术环境带来的挑战。Chan 和 Reich 认为，目前存在两个关于 BITA 的概念体系：把 BITA 看作是一个终止态，以及把 BITA 看作是一个持续的流程。Chan 和 Reich 指出，综合考虑这两个视角的研究是困难且极有意义的。

面对越来越多的 BITA 研究，Aversano 等从 BITA 问题、BITA 建模、BITA 评估、BITA 演化 4 个角度列举了 27 个问题，并从两个 BITA 相关的核心期刊中搜集了 28 篇文献，进而分析了这些文献对 27 个问题的支撑。通过分析，他们发现当前的研究多从战略层次出发，关注于业务战略与 IT 战略之间的适配，并且 SAM 模型在文献中应用的最广泛。

Ullah 和 Lai 搜集了 BITA 研究的相关文献，并回答以下问题：BITA 定义、发展历史、挑战、适配阶段、度量方法、BITA 在工业中的重要性、软件工程如何帮助实现 BITA、业务环境的角色等。他们通过回答这些问题得出如下结论：BITA 实现流程与组织大小有关系；适配在文献中由众多近义词表示，如同步、关联、适合、集成等；BITA 包括短期适配和长期适配；组织面临的业务环境变化是 BITA 的主要挑战；BITA 实施过程包含多个阶段，如内部或外部阶段、部门阶段、项目阶段等；当前的研究主要关注于 IT 对业务的实现等。

Coltman 详细介绍了 BITA 问题的起源、度量方法以及影响因素等内容。他强调了 Henderson、Venkatraman、Luftman 等在该领域的贡献，并对未来研究的重点进行了探讨。首先，他认为传统的 BITA 多从宏观的角度进行自顶向下的分析，建议多从底层个体的角度进行分析。其次，他建议从数字化业务战略的角度考虑 BITA 问题。随着数字化时代的来临，业务也在不断地数字化，在考虑业务战略的时候需要同步考虑 IT 战略。近些年关于数字化业务战略的研究方兴未艾，但多立足于理论研究。再次，他认为未来的 BITA 应基于 IT 生态系统进行演化，以 IT 平台为根本，面向组织之间的协同优化，利用先进技术重建业务流程。总之，Coltman 等认为这 3 个方面的研究目前还只处于理论阶段，如何具体化与实践化仍需要长时间的探索。

鉴于当前 BITA 研究的多样性以及主要的研究脉络，本节主要从发展趋势、概念模型、度量模型、BITA 维度、组织效能等方面归纳当前的研究。

1.2.1 发展趋势

归纳 BITA 问题的研究趋势，有助于理解 BITA 的演化过程，把握其解决问题的思路。纵览过去 30 年的 BITA 研究，可以把其总结为 4 个阶段，如图 1.4 所示。第一阶段称为战略 BITA 阶段，该阶段多从战略层次出发，关注业务战略与 IT 战略的适配，其中业务战略主要包含企业的发展战略与竞争战略，IT 战略是指对 IT 投资的规划方案。研究学者指出业务战略与 IT 战略之间的适配是 BITA 问题的最早研究动机。

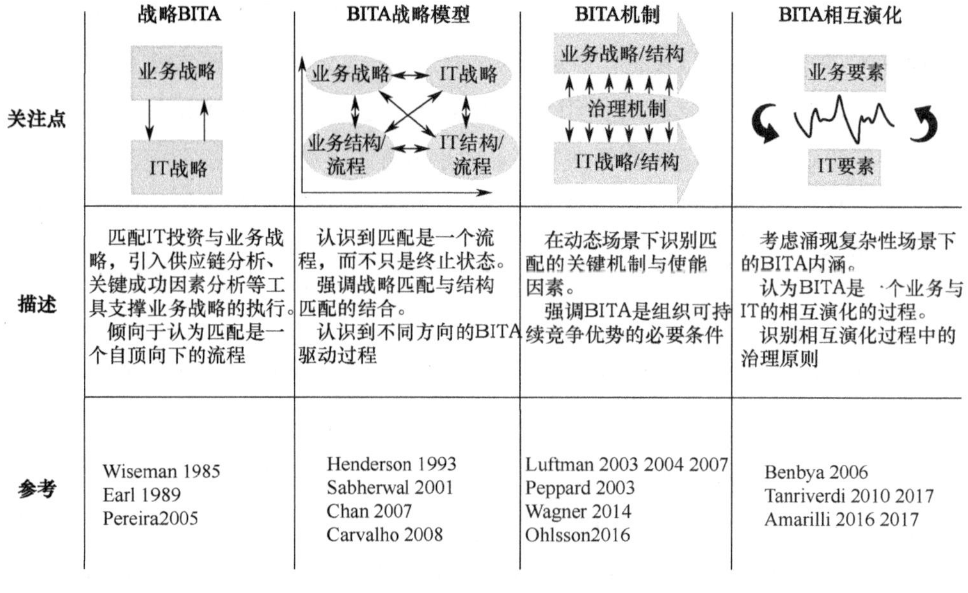

图 1.4 BITA 研究的发展阶段

20 世纪 90 年代以后，越来越多的研究学者开始考虑战略 BITA 与结构 BITA 的结合，并且认识到 BITA 是一个持续的流程。该阶段最为典型的研究当属 Henderson 和 Venkatraman 提出的战略适配模型 SAM。MacDonald 和

Yapp 这样评价他们的研究，90 年代 IT 管理领域“皇冠上的珠宝”当之无愧是 Henderson 和 Venkatraman 提出的战略适配模型 SAM。

进入 21 世纪，当研究学者对面向流程的 BITA 有了更加充分的认识时，开始分析影响业务与 IT 适配的因素，如缺乏沟通、缺乏知识等，并且倾向于讨论企业在不同时间段如何实施治理机制来重新返回适配状态。Luftman 等在该阶段取得了丰硕的成果，提出了 BITA 成熟度模型，讨论了多种 BITA 使能因素与阻碍因素，如表 1.1 所列，并通过实证验证这些因素在不同企业 BITA 实现过程中的作用。与此同时，该阶段充分验证了 BITA 与组织效能的关系，强调 BITA 是不断提高企业竞争优势的充分条件。例如，Luftman 在 2015 年发表在 JIT 上的文章经过实证得出结论，业务与技术适配结果对企业性能有显著的影响。

表 1.1　BITA 的使能因素和阻碍因素

使能因素	阻碍因素
高级执行人员支持 IT	IT 和业务缺乏紧密的关联
战略开发包括 IT	IT 没有高的优先级
IT 人员理解业务	IT 没有满足需求
业务与 IT 合作关系	IT 不理解业务
IT 项目有较高的优先级	高级执行人员不支持 IT
IT 人员在领导层	IT 管理人员不在领导层

目前，信息化时代对市场的冲击使企业的复杂性上升到了新的高度，达到了混沌的边缘（Edge of the chaos）。由于企业市场环境、内部组织因素、新型 IT 技术的影响，企业演进呈现较大的不确定性，按照图 1.5 中对于复杂性的分类，企业运行处于涌现与混乱层面，已经远离秩序阶段，呈现复杂适应性系统特性，产生涌现复杂性（Emergence complexity）现象。涌现复杂性是指个体行为对企业整体行为的非线性作用带来的复杂性，该阶段产生的非线性与不确定性使研究学者对 BITA 的优势产生了质疑。短时间的不适配状态仍然可能使企业性能提高（IT 创新对企业产生的非线性影响），此时研究学者不再执着于业务与 IT 的紧耦合适配，而是保证业务与 IT 的相互演化朝

着同一个方向发展；也不再把业务与 IT 进行区分，而是看作一个动态的有机整体，如数字化业务战略的相关研究。实际上，纵览上述的 BITA 发展历程，可以发现 BITA 的研究是随着组织复杂性的提高（从秩序阶段到涌现复杂性阶段）一步步展开的。

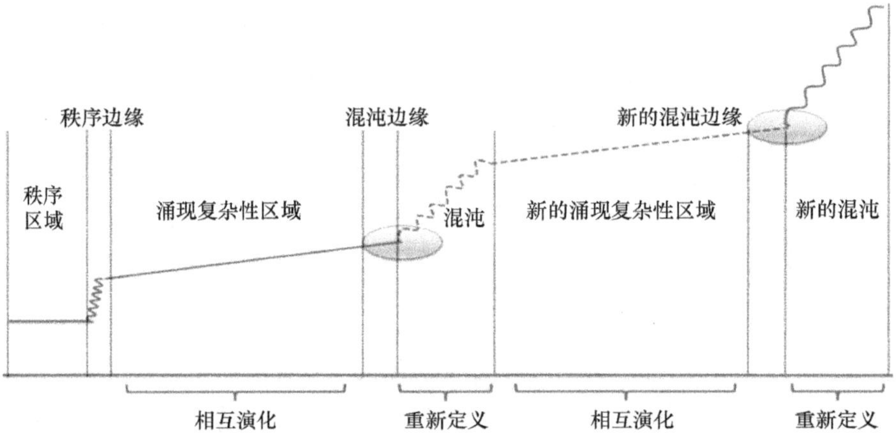

图 1.5　复杂性的不同阶段

该阶段的研究重点在于深刻挖掘影响企业演化的根源因素，进行迭代治理，在不增加企业复杂性的前提下，使企业能够朝着正确的方向演进，自然而然地达到适配的效果。

1.2.2　概念模型

概念模型是理解 BITA 内涵的途径。研究学者分析 BITA 时多从确定概念模型开始，目前最典型、应用最广泛的概念模型是 Henderson 和 Venkatraman 提出的战略适配模型 SAM，认为 BITA 主要指业务战略、IT 战略、组织结构与流程、IT 结构与流程之间通过战略适配、功能集成、交叉适配达到的协调一致状态。该模型分析了不同要素对 BITA 的驱动作用以及可以运用的场景，Sabherwal 等以该模型为基础，列举各要素的不同状态，采用动态均衡理论从演化和改革的角度分析 BITA 的可持续过程。一般来说，在复杂程度较低的秩序层面（Region of Order），研究学者认为动态均衡模型是描述 BITA 的有效手段。

针对 BITA 问题的多方面内涵，Magoulas 等提出涵盖多维度的 BITA 概念模型，如图 1.6 所示，主要包含 5 个组成部分：决策权和责任，企业活动和管理，利益相关者与知识，企业目标和价值，以及信息系统和信息通信技术资源。Magoulas 等认为，这些组成部分之间的适配涵盖了功能、社会、文化、结构等维度的适配内容。该模型全面介绍了当前企业 BITA 问题的内涵，并且考虑了不同角色对 BITA 问题的影响。

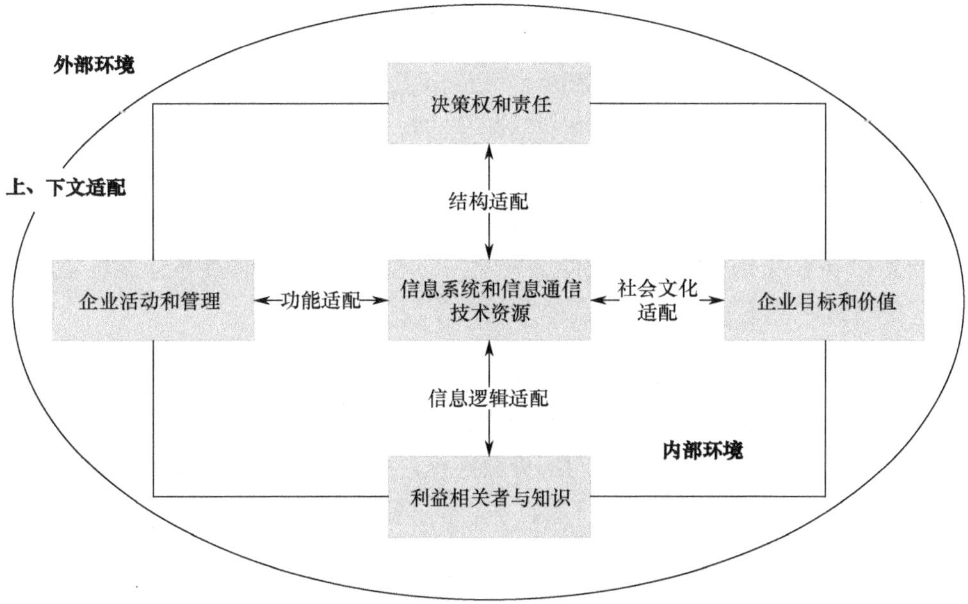

图 1.6　Magoulas 等提出的 BITA 概念模型

Weeger 与 Ulrich 认为不同组织内容（如执行者与实体）之间的矛盾促进了 BITA 问题的不断演化。为了分析矛盾产生的根本原因，他们引入活动理论模型描述 BITA 问题，该理论把影响 BITA 的因素分为主观、客观、工具、规则、社团、劳动力 6 个方面，如图 1.7 所示。通过分析这些因素之间的矛盾，实现 BITA 从当前状态到目标状态的转化。他们强调的核心思想是 BITA 是一个自底向上的过程，要通过找到矛盾产生的根本原因来对失衡状态进行治理。

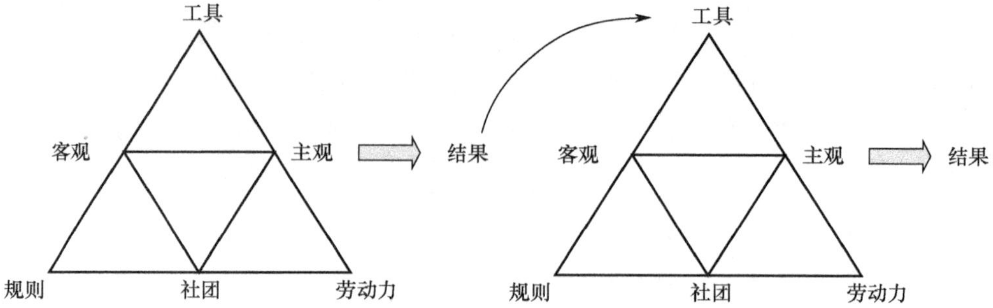

图 1.7　Weeger 与 Ulrich 提出的 BITA 概念模型

从战略适配的角度出发，Zhang 等提出了企业知识管理概念模型。该模型认为企业的竞争战略与市场环境的适配是宏观适配，企业的知识管理战略与企业的竞争战略之间的适配是微观适配，并通过知识管理战略、知识管理结构、知识管理流程之间的适配影响竞争战略。Zhang 等把该模型应用于李宁公司，分析该公司在中国加入世贸组织、举办 2008 年北京奥运会等外在环境影响下，竞争战略由模仿到关注再到差异的演化过程。

另外，研究学者在采用体系结构方法解决 BITA 问题时，倾向于把概念模型看作是业务架构、应用架构、信息架构以及技术架构之间的适配，如图 1.8 所示。他们分析了这些内容之间的失衡特征，关注于在体系结构设计阶段可持续地实现 BITA。

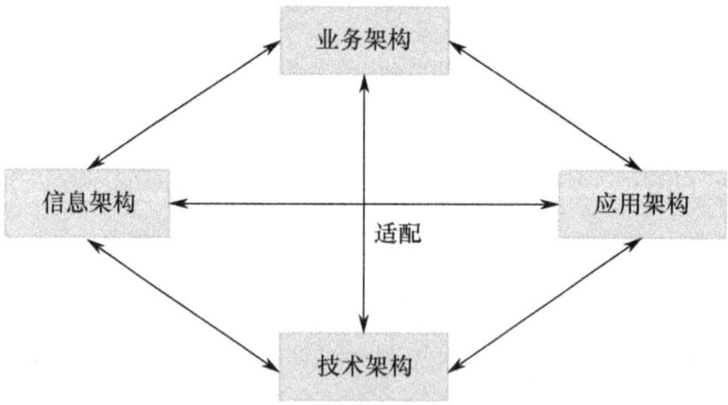

图 1.8　面向体系结构的 BITA 概念模型

1.2.3　度量模型

BITA 度量是 BITA 研究的核心环节，通过对复杂信息系统当前的 BITA

状态进行分析，确定 BITA 的成熟度，提供进一步提高 BITA 状态的途径，并提高组织效能。目前存在一系列关于 BITA 度量的研究，例如：Trienekens 提出了一个详细的 BITA 度量框架，包括目的与支持、工作关系、共享领域知识、IT 项目规划、IT 性能等 5 个方面，如图 1.9 所示。Gerow 集成了 6 种不同类型的 BITA，并且采用调查问卷的方式进行度量；Hu 和 Huang 引入了一个平衡打分法来度量组织的 BITA。Carvalho 与 Ori 等从体系结构的角度出发，提取体系结构中的失衡特征，达到度量 BITA 的目的。

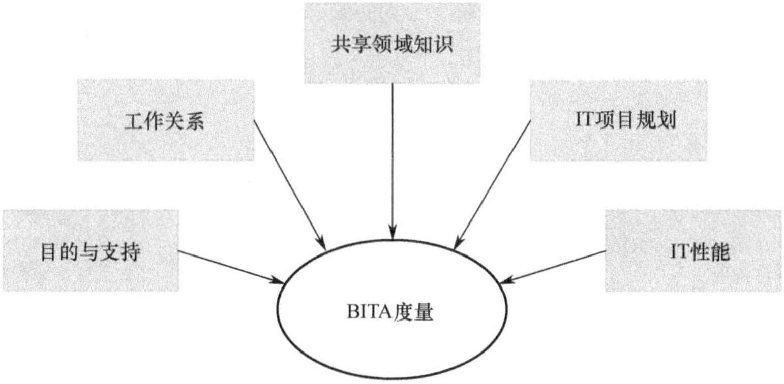

图 1.9　Trienekens 提出的 BITA 度量模型

值得注意的是，Luftman 在过去十几年开展了一系列关于 BITA 成熟度度量的研究，他提出的战略适配成熟度模型（Strategy Alignment Maturity Model, SAMM）被其他研究学者广泛引用。SAMM 包含了 6 个准则，其中：通信（Communication）准则要求不同角色交换思想，并且对目标、计划等内容有一个清晰的认识；价值度量（Competence/Value Measurements）准则关注于 IT 实现业务价值的度量指标；治理（Governance）准则保证业务与 IT 参与者能够合理检查与讨论 IT 资源的优先级与分配问题；合作关系（Partnership）准则关注于业务组织、IT 组织以及其他合作组织之间的协调关系；范围与架构（Scope and Architecture）准则主要表达了 IT 架构的成熟应用；技能（Skills）准则是对组织中人力资源方面问题的考虑。图 1.10 给出了以上的 6 个准则和它们的详细指标。Luftman 指出，对这 6 个准则的综合考虑体现了企业 BITA 的状态，并且针对不同准则的不同程度，提出 BITA 成熟度的 5 个等级，如图 1.11 所示。

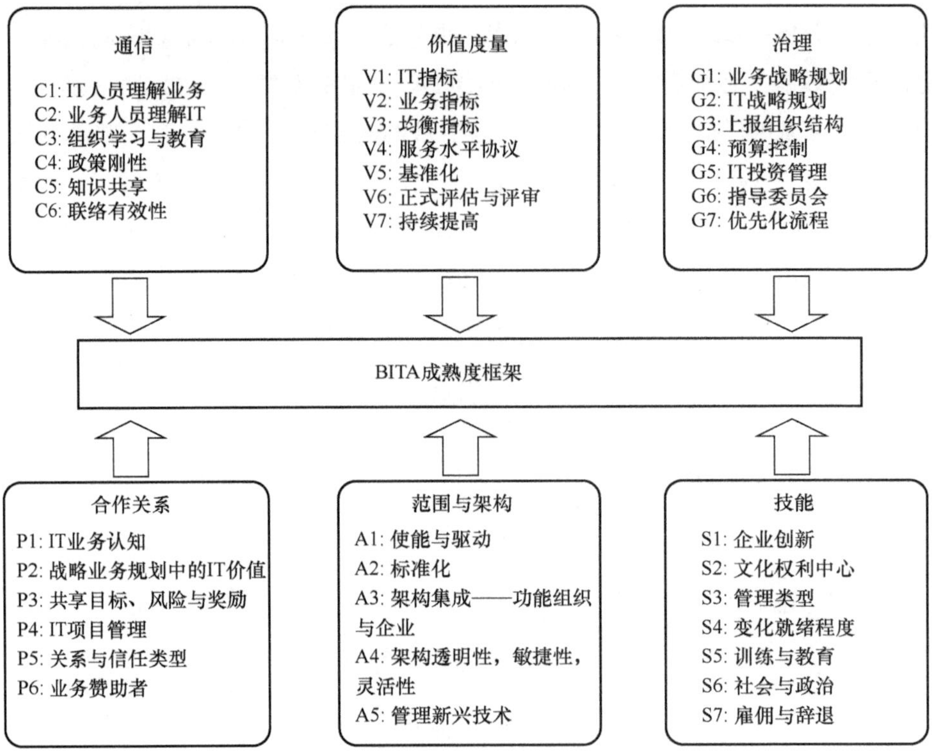

图 1.10　Luftman 提出的战略适配成熟度模型 SAMM

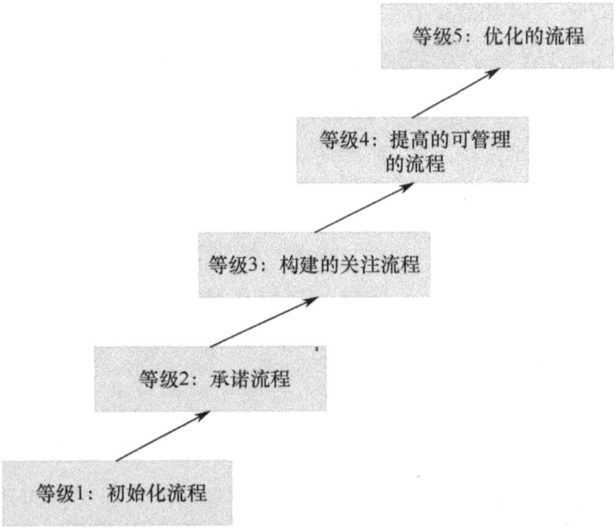

图 1.11　Luftman 提出的 BITA 成熟度等级

目前，企业在运用 SAMM 模型时，搜集各种类型的指标数据是比较困难的。相关文献经常采用基于经验或者问卷调查的方法进行搜集，容易产生不充分或者比较主观的度量结果。

1.2.4　BITA 维度

根据上述讨论的概念模型，复杂信息系统的 BITA 问题主要包括：业务战略需要与 IT 战略不断适配来适应外在的环境；组织内部结构之间的协调一致对 BITA 具有促进作用；不同部门的人员之间需要有一个合理稳定的沟通机制；组织和用户之间需要有一个良好的反馈机制；等等。这些内容均反映了 BITA 的不同维度。有些研究学者从单一的维度进行分析，尝试提出行之有效的适配方法。例如，Aier 从结构 BITA 的角度、提出基于聚类的适配方法；Wagner 认为操作层的适配与战略层的适配是同等重要的，并且提出从交流、知识共享、信任与尊重 3 个方面实现操作层的 BITA；Reich 基于社交维度详细分析了 IT 历史、角色之间的通信对 BITA 的影响。还有些研究学者试图从多个维度综合分析 BITA，如 Chan 把 BITA 维度划分为战略维、结构维、社会维以及文化维。

如表 1.2 所列，Schlosser 等重新考虑并划分 BITA 的研究维度：人力维度，即角色的技能、知识等内容；社交维度，即不同角色之间的沟通能力；智力维度，即战略、结构、项目等内容的适配。通过对不同维度的划分，Schlosser 倾向于关注人员角色在 BITA 过程中发挥的作用。

表 1.2　Schlosser 划分的 BITA 维度

人力维度	社交维度	智力维度
• IT 执行者的业务技能和知识； • 业务执行者的 IT 技能和知识； • 业务和 IT 执行者的领袖能力； • 业务和 IT 执行者的管理能力； • IT 职员的业务技能和知识； • 业务职员的 IT 技能和知识； ⋮	• 业务和 IT 执行者之间的知识共享能力； • 业务和 IT 执行者之间的相互信任与尊重； • 业务和 IT 执行者之间的文化协同； • 业务和 IT 执行者之间的工作关系； • 通用语言； • 业务与 IT 职员之间的知识共享能力； ⋮	• 业务与 IT 之间的战略、目标、计划的适配； • 标准与平台的适配； • 业务结构与 IT 结构的适配； • IT 项目组合适配； • IT 服务适配； • 信息系统与流程的适配； • 共享应用； ⋮

从复杂性角度考虑，当前关于 BITA 维度的研究更倾向于从多个维度综合分析。考虑组织中存在的多层次多领域的要素以及它们之间的复杂关系，整体分析不同的维度以挖掘失衡状态的产生根源，并且合理地调整适配策略。

1.2.5 组织效能

组织效能是指市场占有率、财政性能、竞争优势、代价控制等方面的内容。当前已有很多研究关注于分析 BITA 与组织效能之间的关系。综合来说，可以从以下两个阶段来解释它们的关系。

针对图 1.4 的前 3 个发展阶段，BITA 对组织效能的影响有两种论点。一种论点认为，由于 BITA 加强了业务要素与 IT 要素之间的耦合关系，导致组织难以应对变化，组织效能会随之降低。该论点也可以通过组织的惰性进行说明，企业短期的成功会增加元素之间的耦合度，进而产生组织变革的惰性，影响组织的进一步演化。另一种论点强烈认为 BITA 可以协调组织的业务内容与 IT 内容，使之向着完成统一目标的路径而努力，进而有效提高组织效能。该论点可以通过多个具体案例进行论证，主要支持者是 Luftman 等。Gerow 针对这两种截然相反的理论，采用元分析的方法对众多案例展开研究，最终得出 BITA 可以提高组织效能的结论。

针对图 1.4 的 BITA 相互演化阶段，也存在两种不同的观点。一种观点认为，由于 IT 创新的颠覆性作用，BITA 未必能一直提高组织效能，并且由于 BITA 研究理论难以运用于实践，BITA 的性能优势屡受诟病。另一种观点被大多数理论研究者所认同，虽然复杂性的提高会对 BITA 与组织效能之间的关系产生非线性影响，但这并不妨碍 BITA 对于企业的积极作用；只要业务与 IT 相互演化，朝着共同的方向发展，会在长时间内提高组织效能。但是由于相互演化现象难以实现，该论点目前主要存在于理论层面，还需要进一步的实践验证。上述两种论点形成了 BITA 理论与实践的“悖论”。总之，由于复杂性与不确定性的存在，BITA 难以实现，对企业的正向作用仍然有待明确。

1.2.6　整体研究框架

综上所述，BITA 难以实现的关键原因在于不断提升的体系复杂性，如图 1.12 所示。这种复杂性不仅包括外部环境的变化，也包括体系个体在吸收这些变化时对体系整体行为的非线性作用产生的不确定性影响。这种非线性与不确定性使研究学者对体系适配的积极作用产生了质疑，如短时间的不匹配状态仍然可能提高体系效能（如 IT 创新对企业产生的非线性影响）。研究学者不再执着于业务与 IT 的紧耦合匹配，而是提出业务与 IT 的相互演化，使之朝着同一个方向发展；也不再把业务与 IT 进行明确的区分，而是看作一个动态的有机整体，着重考虑体系动态适配过程中的涌现特性。

基于复杂性特征，研究学者倾向于将 BITA 问题划分为战略层、业务层、系统层、执行层等不同层次，通过自顶向下顶层规划与自底向上涌现引导的结合实现体系动态适配，提高体系效能。之前的研究多关注自顶向下的适配规划（如采用体系结构设计方法匹配不同层次的体系要素（图 1.12）），自底向上的涌现引导方面仍处于理论描述阶段，未见合理可行的解决手段。如何牵引控制体系执行层面的行为，开展自底向上的涌现引导，是实现体系动态适配的关键，不仅具有理论创新意义，也具有深刻的实践意义，本书在后面章节会对这一部分研究内容进行介绍。近年来，涌现研究成为复杂系统领域关注的主要问题。2021 年诺贝尔物理学奖获得者之一乔治·帕里西（Giorgio Parisi）指出，跨尺度、跨层次的涌现是复杂系统研究的关键。欧洲体系行动路线图（Road2SoS）指出，管理不断增长的体系复杂性是一个重要的工程化挑战，关键在于理解涌现性、探索涌现规律、预测非预期涌现特性、实现预期涌现行为等。

根据霍兰对复杂适应性系统的描述，控制和管理复杂系统的不确定性，需要构建适应复杂系统演化发展的适应性机制，让涌现性得以引导和利用，促进复杂系统的有序演进。对于体系适配问题而言，实现自底向上的涌现适配需要从动态适配的规则入手，通过适配规则的挖掘、分析、运用达到涌现引导的目的。适配规则是指为应对各种变化所采用的治理原则，例如体系设计可采用模块化设计规则，便于体系需求发生变化时系统的动态接入与体系的动态重组。适配规则可分为体系层的适配规则（如模块化设计规则、数字化业务战略规则等）和执行层的适配规则（如知识共享规则、主动学习规则等）。研究学者指出，为了更好地达到业务与 IT 的相互演化，使之向着共同的目标前进，应加强对体系适配规则的运用。

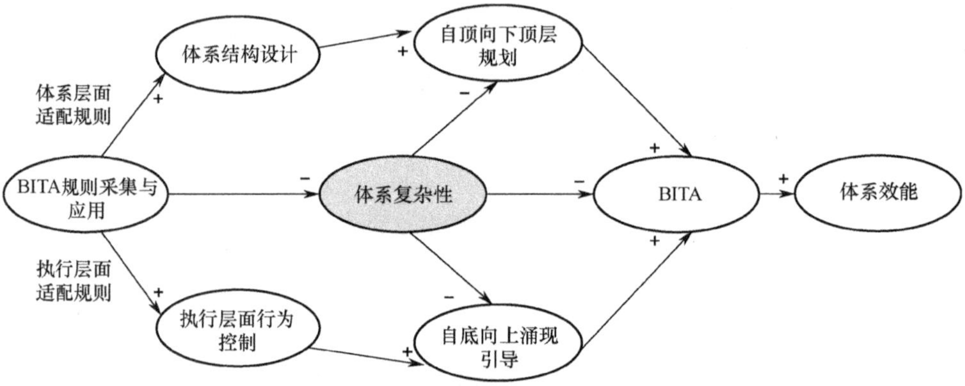

图 1.12　整体研究因果关系图

1.3　研究问题

BITA 作为复杂组织的重要科学与应用问题，一直未得到有效的解决。通过对 BITA 问题进行深入研究，挖掘出该问题未得到充分解决的主要原因如下。

（1）由于动态多变的环境与组织因素，BITA 一直处于不匹配（Misalignment）状态，该问题的复杂度越来越高，达到重新适配的难度较大，当前方法在处理复杂性方面存在不足。

（2）针对 BITA 动态演化特征，BITA 成熟度难以得到持续度量，虽然当前研究包含业务与技术适配度量框架，但是缺乏系统化的度量流程与度量采集方法，导致难以可持续分析度量水平与薄弱环节。

（3）复杂信息系统是包含众多个体的复杂智能体，个体行为的不确定性为 BITA 的实现与演化提出了挑战，例如如何引导涌现，实现适配治理，当前方法在处理 BITA 演化与治理方面存在缺陷。

总而言之，BITA 研究虽然取得了较为丰硕的成果，但作为管理领域的一个主要问题，在实践应用方面还存在局限性，主要原因在于不断提高的组织复杂性与不确定性。

1.4　小结

本章针对复杂信息系统业务与技术适配研究问题，讨论了复杂信息系统、BITA 的相关概念、研究现状以及存在的问题，指出当前的研究在处理复杂性与不确定性方面还存在差距，需要采用相应的技术手段来解决这个问题。

第2章 基于体系结构的BITA解决手段

02

采用体系结构方法解决 BITA 问题是 BITA 研究的重要分支。本章通过分析体系结构的概念、设计过程、框架、相关研究等内容，回答体系结构是什么以及体系结构为什么可以支撑 BITA 的实现等问题。另外，针对当前基于体系结构的适配方法，采用综述方法进行分析，得到当前基于体系结构方法解决 BITA 问题的现状，挖掘其中存在的薄弱环节，为本书研究问题的提出奠定基础。

2.1 体系结构简介

2.1.1 体系结构概念与作用

1990 年，IEEE STD 610.12 把体系结构定义为“系统或其组成部分的组织结构”。1995 年，美国国防部集成体系结构专家组在 IEEE STD 610.12 的基础上，将体系结构定义为“各组成单元的结构、它们之间的关系以及制约它们设计和随时间演进的原则和指南”。2000 年，IEEE STD 1471—2000 对体系结构定义又进行了修改，认为“体系结构是描述系统组成单元的基本结构、它们之间、它们与环境之间的关系，以及指导系统设计与扩展的原则”。目前，无论是军事领域还是民用领域，体系结构越来越受到重视，体系结构设计方法成为复杂信息系统体系设计的重要方法。

2.1.1.1 体系结构概念

参考 IEEE 610.12—1990 软件工程标准词汇中体系结构的定义，将体系结构定义为 3 个部分，即体系结构=各组成部分的结构+组成部分之间的关系+制约其设计和演化的原则和指南。

复杂信息系统体系结构有以下主要特点。

1）体系结构是对复杂信息系统的抽象

信息化条件下，各类信息系统之间存在数据的交换与共享，信息系统之间的复杂性越来越高，大大增加了系统设计人员、使用人员和维护人员理解系统的难度。作为处理复杂性的一种手段，抽象是从复杂的事物中抽取出主要的特征和结构等，忽略相对不重要的细节，从而使人们将关注点集中在能够体现事物特征的方面。体系结构是在抽象层次上定义了系统的组分结构和组分系统之间的关系，提供了一种理解关系复杂系统的抽象机制。这种机制使得各类人员对复杂信息系统的理解简单化、便捷化。基于体系结构，系统的各类利益相关者能够便于就相关问题达成一致的理解。

2）体系结构对系统实现的指导性

体系结构是待开发系统的一种抽象性指导性的蓝图，体系结构的抽象体现了在系统早期设计决策的成果。在系统的生命周期中，早期的系统设计和决策比后期的实现和维护更加关键，早期的设计决策直接或间接影响了后期的系统实现和维护。这是由于后期的实现和维护参考了早期的体系结构设计，并按照体系结构设计中的内容进行了实现。体系结构设计人员只需关注系统的整体性的问题，不需掌握所有系统组分的细节和技术。系统组成的实现人员必须在体系结构规范的约束下设计各组成的具体实现细节。

3）体系结构的稳定性和演化性

随着科学技术的发展和用户需求的更新，复杂信息系统往往会不断地发展、升级和演化。体系结构也会随着当前复杂信息系统的变化而发生演化，但是体系结构的演化是建立在系统整体演化的基础上，而局部系统的某个具体的变化并不会影响整个体系结构的变化，即体系结构在一定时间内会保持其自身的稳定性。但当系统发生整体性的变化时，体系结构设计者应该能够识别并指导体系结构进行相应的更改和演化，以适应外界的变化，保证体系结构能够指导未来系统的设计、实现与维护。

4）体系结构的重用性

在以数据为中心的体系结构开发实践中，体系结构的重用性主要体现在体系结构数据的重用性。体系结构数据可以支持具有类似业务需求或系统功能的系统设计方案。体系结构重用性主要体现在：①体系结构的整体设计方案可以直接被借鉴使用在具有类似需求的其他系统开发过程中；②设计过程中可以重用部分体系结构设计数据和产品。体系的重用性有利于提高体系结构的设计效率，节约开发费用，缩短开发周期。

2.1.1.2　体系结构作用

体系结构是指导复杂信息系统建设的蓝图，作为系统各类利益相关者认识和理解现有系统的主要途径，体系结构设计为复杂信息系统的分析、设计、实施和维护提供了全程的指导。体系结构的作用包括以下几个方面。

1）促进各类人员的沟通和理解

体系结构通过多视图的方式描述了系统组成和组成部分之间的关系，遵循体系结构框架的体系结构设计从多个角度出发，形成了体系结构的设计方案。例如，业务视图从业务人员的角度出发，构建了业务组织、业务过程模型等；服务视图从服务设计人员的角度出发，构建了服务交互过程模型等；系统视图从系统设计人员的角度出发，构建了系统的运行过程模型等；技术视图则描述了系统通信、服务性能参数、系统数据交换等技术细节。通过不同视图产品和体系结构数据之间的关系，有利于消除在能力需求、作战需求、服务设计、系统设计等方面存在设计的潜在的不一致现象，并促进各类人员的沟通和理解。

2）辅助支持系统的设计决策

在系统设计初期建立的体系结构设计方案能够综合考虑系统设计的各类约束条件，根据体系结构的设计成果制定合理的系统设计方案，有助于保证系统设计的正确性和科学性，为系统建设提供决策支持。同时，由于复杂信息系统的组成结构非常复杂，而且往往开发的时间较长，投入的人力物力财力较大，从而为整个方案的决策带来很大的风险。这更加需要在系统设计的初期使用体系结构技术，以减少在后期设计的风险。

3）指导系统的开发和集成

体系结构设计方案提供了业务过程、系统组合、技术路线等方面的抽象描述，明确了各类数据之间的关系，构建了系统开发的蓝图。根据体系结构的设计方案指导各类系统的开发，有利于各类人员的分工协作，有利于将分散的系统综合集成，从而为提升体系一体化作战能力提供支持。

4）指导系统的演化

体系结构设计方案体现了系统建设的需求，包括了为满足未来系统的演化需求设计的业务流程、系统结构等。根据体系结构的设计方案，可以对体系结构进行评估来发现现有的系统中存在的问题，如系统结构、系统性能参数等方面的问题，从而系统运行维护人员可以根据存在的问题来升级系统并指导系统的演化。

2.1.2 体系结构设计过程

明确体系结构的设计范畴，以及它在复杂信息系统发展过程的应用区间，有助于深刻把握体系结构的内涵与作用。体系结构设计主要位于复杂体系设计的早期阶段，目的是为复杂体系进行规划，便于后期的方案部署与演化管理。

复杂信息系统体系结构设计是指从全局角度综合考虑使命任务要求及技术、经济等因素约束，运用科学的方法和手段，对信息系统发展目标、运行机制、使用模式、演进路线、实施途径等进行整体性设计的过程。复杂信息系统体系结构设计本质上是复杂信息系统建设方向、目标和途径的设计，是充分发挥需求牵引和技术推动的作用对信息系统建设开展的战略性、总体性设计。

综合各项技术对体系结构设计的支撑作用，特别是考虑到复杂信息系统规模增大、复杂性增加、网络化、体系化的发展趋势，体系结构的设计范畴如图 2.1 所示，主要包括体系结构开发筹划准备、体系结构模型设计、体系结构验证以及体系结构评估等。体系结构设计的好与坏，直接关系到对体系的总体勾画是否正确、可行、有效。因此体系结构开发是顶层设计的关键活动，在体系结构设计时，必须通过验证和评估工作对设计结果进行确认，并通过不断迭代、改进来完善体系结构。

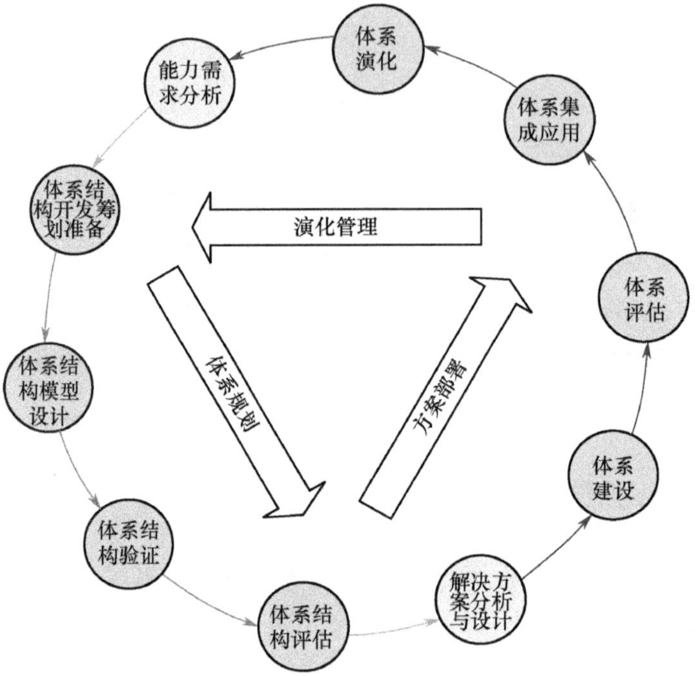

图 2.1　体系结构设计范畴

体系结构是对体系总体蓝图的描述，这个蓝图是否准确、有效，除了通过体系结构验证和评估对体系结构设计成果进行检查外，还需要开展两项工作：①体系结构设计进一步细化展开，对体系中的每一个系统进行解决方案设计，确定系统具体的实现细节，形成完整的体系设计。②在根据体系设计成果开展具体的体系建设前，必须将体系设计成果与体系需求（主要是能力需求）进行对比分析，以检查所设计的体系是否满足能力需求。

体系方案部署过程主要是利用体系结构设计结果指导体系建设。建设项目完成后，需要开展体系评估工作，以检查是否达到最初的设计要求，是否满足体系初始能力需求。

体系演化管理过程主要是在针对体系运行过程中出现的新需求、体系成员的新变化，而对体系设计和建设进行反馈、影响，从而使体系的成员、成员关系、运行规则等发生演进。体系演化管理过程是在体系评估过程的基础上，再综合体系集成应用和体系演化两类活动而形成的。

根据图 2.1 的描述，目前对于体系结构的研究主要从设计、验证、评估等角度展开。体系结构设计根据确定的体系结构框架与数据元模型进行开发，研究点关注于框架创新、元模型设计、数据集成等内容。体系结构验证从语法、语义、语用等层次对设计的体系结构结果进行验证，研究点关注于不同的验证内容（如一致性、完整性等）以及不同的验证方法（如静态验证、动态验证等）。体系结构评估主要指根据体系结构设计的模型与数据，分析体系结构成果对使命任务的支撑程度，研究点主要关注于采用不同方法对功能指标或者非功能指标进行度量。

2.1.3　体系结构框架

体系结构框架为复杂信息系统体系结构的开发提供了统一规范。从 1986 年第一个信息系统体系结构框架 Zachman 框架出现以来，已经在军用领域和民用领域出现多种体系结构框架。常用军用体系结构框架的演化过程如图 2.2 所示。此外，开放组织架构框架（The Open Group Architecture Framework，TOGAF）是民用领域使用最广的体系结构框架。

美军最早提出体系结构在复杂信息系统的应用，建立了国防部体系结构框架，并根据网络中心战的要求，不断进行修订。随着以数据为中心的技术和网络中心战的需求的变化，客观上要求体系结构的数据更加严谨，产品的表现形式更加灵活多样。为适应此要求，美国国防部于 2009 年推出了 DoDAF2.0（Department of Defense Architecture Framework）版本。它在 DoDAF1.5 的基础上扩充了视图和产品，包括了全视图、能力视图、数据与信息视图、作战视图、项目视图、服务视图、标准视图和系统视图等 8 类视图和 52 种产品。DoDAF2.0 更加强调以数据为中心，强调体系结构数据的组织、收集和维护。

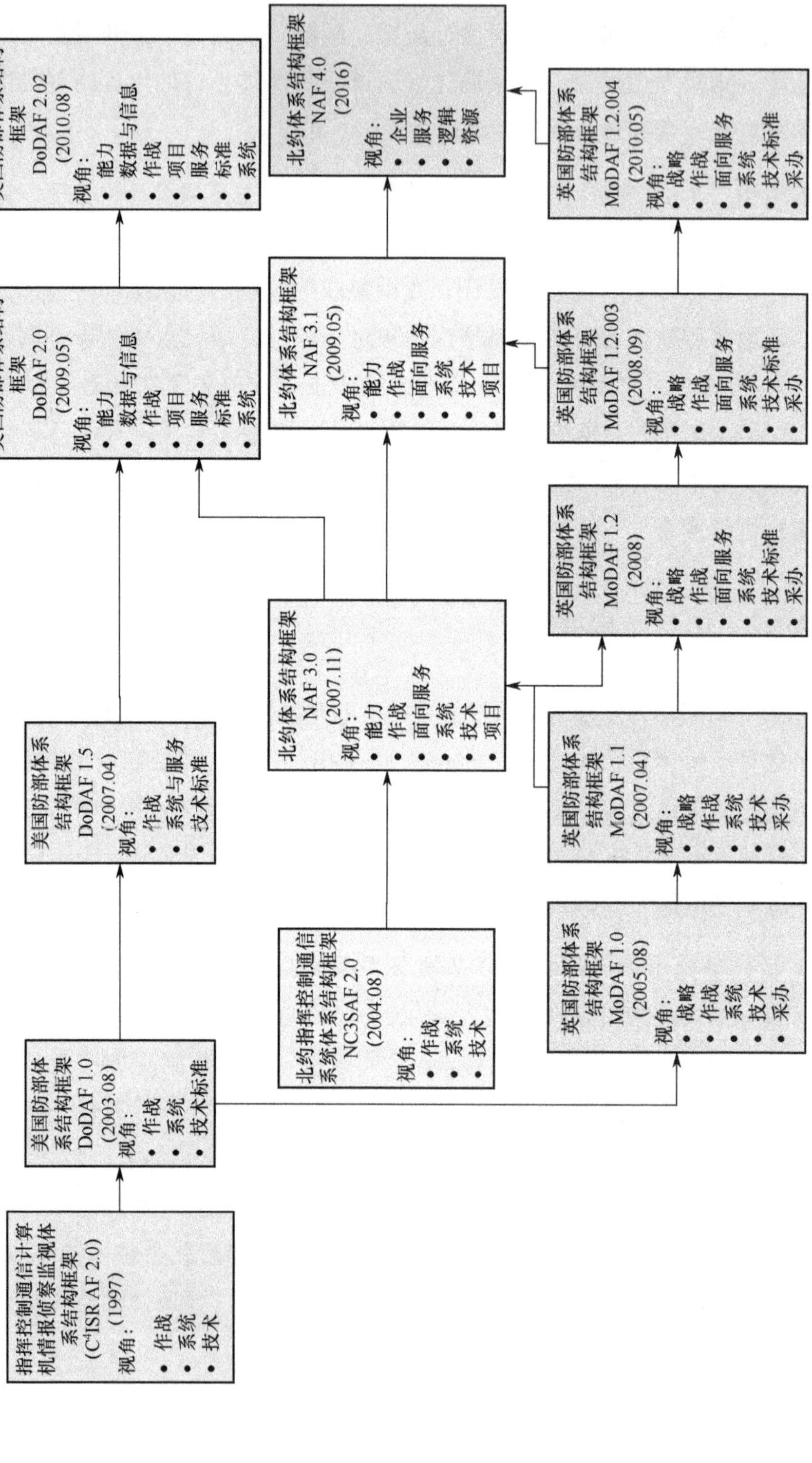

图 2.2　军用体系结构框架的演化过程

为适应国防部建设和网络中心战的需求，英国国防部在借鉴 DoDAF 和北约体系结构框架（NATO Architecture Framework，NAF）的基础上，在 2007 年开发了 MoDAF 1.1（Ministry of Defense Architecture Framework）版，并在 2008 年更新为 MoDAF 1.2 版。MoDAF1.2 采用了基于元模型（MoDAF Meta-Model, M3）的数据结构，包括 7 个视图，即全视图、战略视图、作战视图、服务视图、系统视图、技术标准视图和采办视图。

北约积极使用体系结构方法来设计并指导其信息系统的建设，2000 年制定了北约体系结构框架 1.0 版（NAF1.0），2005 年提出了北约体系结构框架 2.0 版（NAF2.0）。2007 年开发了北约体系结构框架 3.0 版（NAF3.0），并将体系结构框架的应用范围扩展到除 C^3I 系统之外的其他领域。针对短期、中期和长期的战略决策需求，NAF3.0 采用了顶层体系结构（Overarching Architecture, OA）、参考体系结构（Reference Architecture, RA）、目标体系结构（Target Architecture, TA）和基线体系结构（Baseline Architecture, BA）来进行描述，增加到作战视图、系统视图、技术视图、全视图、服务视图、能力视图和项目视图 7 类视图共 33 个产品。

随着美国、英国、北约等国家与组织对体系结构框架的不断探索，其他国家如法国、加拿大、意大利、澳大利亚纷纷建立起本国的体系结构框架。这些框架虽然指导了所属国家或组织的体系规划与管理，但是随着框架的不断增多，框架支持的语言也不尽相同，为体系结构框架的发展提出了挑战，例如：模型无法交互导致不同政府/组织之间的互操作性/集成出现问题；因为潜在的不同的实现方式，支撑同一框架的建模工具之间的信息交互相当困难。为了提供一种兼容的体系结构框架描述语言，对象管理组织（Object Management Group，OMG）提出了 UPDM（Unified Profile of DoDAF and MoDAF）框架，试图提供一种利用 UML/SysML 来表示符合 DoDAF、MoDAF 和 NAF 规范的体系结构的标准方式。UPDM 更新了 DoDAF 与 MoDAF 的数据元模型，并规范了每一种体系结构描述模型的开发方式。UPDM1.0 包含了对 DoDAF1.5、DoDAF2.0 以及 MoDAF1.2 的兼容，2.1 版本增加了对 NAF3.0 的兼容，3.0 版本增加了对 DoDAF2.02、NAF4.0 以及其他国家的体系结构框架的兼容。UPDM 实现了体系结构框架共享统一的语义、元模型、本体发展的方向。

2017 年 12 月，OMG 发布军用和民用领域统一架构框架 UAF1.0 版（Unified Architecture Framework），UAF 是下一代的 DoDAF 与 MoDAF 的统一规范（UPDM），涵盖 DoDAF 2.02、MoDAF 1.2，以及源自 NAF4.0 的安全视图。UAF 确定了自己的领域元模型，其核心概念是基于 DoDAF 的数据元模型 DM2 以及 MoDAF 的本体数据交换机制 MoDEM。UAF 的目的是为国防组织结构提供一种体系结构描述的标准表达方式。较之传统的 DoDAF，UAF 改进了人员、服务、标准等要素，增加了项目战略、安全、实际资源等内容，并且删除了节点要素，以此构建了新的抽象视角（战略、作战、服务、人员与资源、安全、项目、标准）。针对每一视角，确定了不同的视图类型，主要包括过程、连接性、结果、分类、信息、参数、交互场景、状态、追溯性、路线图以及约束，进而形成抽象视角与视图类型组成的视图矩阵，形成了一种比 UPDM 更好的模型分类方式，提供了更具逻辑性和次序的视图集合。因此，UAF 可以对更广泛的复杂系统构建体系结构，包括硬件、软件、数据、人员和设施要素等；从上至下对复杂系统的设计与执行构建一致的体系结构；支持对复杂系统的分析、规范设计与验证；提升了基于 UML/SysML 或其他建模标准的不同工具之间的体系结构信息交换能力。

下面选择几个经典的框架进行说明。

2.1.3.1 TOGAF

TOGAF 的基础是美国国防部信息管理技术架构在获得美国国防部的授权之后，借助美国政府大笔资金投入，并经过多年的探索，最终 IT 协会 Open Group 于 1995 年推出了 TOGAF 1.0。

TOGAF 是一个行业标准的体系结构框架，它能被任何希望开发一个信息系统体系结构的组织自由使用。它为一个企业或组织对于企业架构的接受、创建、使用和维护提供了一系列辅助方法和工具。同时，TOGAF 还是一个基于迭代过程模型的企业架构框架理论。TOGAF 架构如图 2.3 所示。

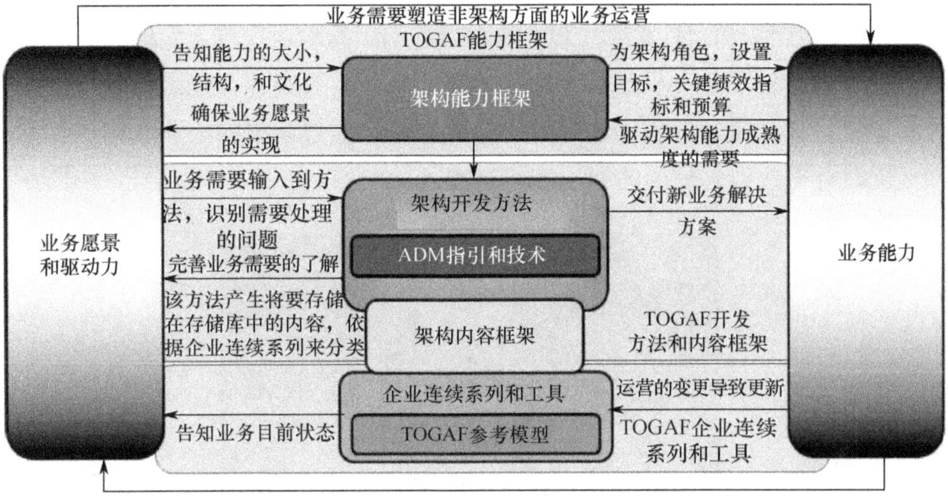

图 2.3　TOGAF 架构

TOGAF 的架构开发方法和内容框架是 TOGAF 的核心部分。架构开发方法是 TOGAF 针对企业架构建设方法的论述，它以一个循环迭代模型为基础将企业架构的建设过程划分为前后衔接的若干步骤，并对每个步骤的输入、输出以及所采用方法都进行了详尽的阐述。架构内容框架针对企业架构中所包含的各种工作产品以及它们之间的关系做出了详细的描述。

1）TOGAF 的架构开发方法

TOGAF 的架构开发方法（Architecture Development Method，ADM）为开发企业架构所要执行的各个步骤以及它们之间的关系做出了详细的定义，是 TOGAF 规范中最为核心的部分。一个组织中企业架构的发展过程可以看成是其企业连续统一体从基线架构开始，历经通用基础架构和行业架构阶段而达到组织特定架构的演进过程，而在此过程中用于对组织开发行为进行指导的正是 ADM。

TOGAF 推荐的循环架构开发途径如图 2.4 所示，ADM 是一个循环的流程，需要不断根据业务需求进行验证，并以信息组织的需求管理为核心，将企业架构实现进展的过程和标准动态分为 8 个步骤，其主要步骤包括：A 架构愿景；B 业务架构；C 信息系统架构；D 技术架构；E 机会及解决方案；F 迁移规划；G 实施治理；H 架构变更管理。循环的所有阶段在进入新的循环前需要对照获取架构的最初动机进行不断的确认：组织将要在什么范围内进行架构定义和建设；需要采用何种详细度进行架构描述；需要建设的企业架构的目标时间区间是什么；能够使用的架构资产有哪些。

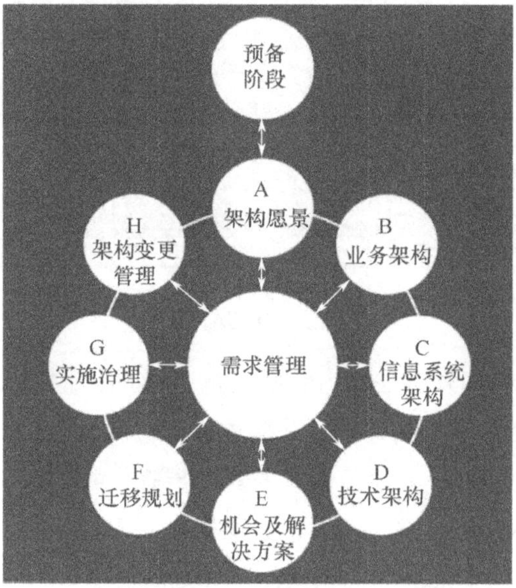

图 2.4　TOGAF 推荐的循环架构开发途径

TOGAF 开发各阶段的简要描述如下。

（1）框架及原则。这个预备阶段是为了确定企业“怎样进行架构开发”。主要内容包括两个方面：确定架构工作所采用的框架；确定架构工作所必须遵循的原则。

（2）架构愿景。此阶段还需要确定企业架构包括什么和不包括什么，还有涉及的约束条件。它是基于企业资源和能力的现实评估，以及从中获得的回报。

（3）业务架构。该阶段确认和更新当前的业务战略和规划的描述，将架构活动相关的特定业务需求与高层次的业务驱动力、战略和目标联系起来，同时研究、确认和获取企业架构支持的关键业务目标和过程。

（4）信息系统架构。阶段目标是开发企业信息系统架构、数据架构和应用架构，或者其中之一。所关注的业务过程仅限于那些由 IT 支撑的部分，以及 IT 流程与非 IT 流程之间的接口。

（5）技术架构。此阶段的目标是开发技术架构，为接下来的实现工作打好基础。

（6）机会及解决方案。此阶段识别变化因素、关键过程和迁移的顶层项目，它是实现目标架构的实施计划的基础，同时也试图从前几个阶段的工作中发现新的业务机会。

（7）迁移规划。该阶段主要是将各种实施项目按优先级排序，任务包括评估这些迁移项目的依赖关系、投入和产出，在此优先列表基础上形成详细的实施计划。

（8）实施治理。在此阶段收集所有用来成功管理各种实现项目的信息，需要注意的是，企业架构的实现过程与该过程是同时进行的，它通过架构合约在架构和实施组织间建立联系。

（9）架构变更管理。对于体系运行过程中的各种可能变化，进行体系架构的变更管理，实现体系架构的持续迭代。

执行 ADM 的架构师会产生很多输出作为其工作的结果，例如过程流、架构需求、项目计划、项目合规性评估等。TOGAF 架构内容框架为架构内容提供一种结构化模型，从而使主要的工作产物可被一致地定义、结构化和表达。

2）TOGAF 架构域

一个总体企业架构子集通常被认为有 4 种架构域，TOGAF 支持这 4 种架构域。

（1）业务架构，定义业务战略、治理、组织和关键业务流程。

（2）数据架构，描述组织的逻辑与物理数据资产及数据管理资源的结构。

（3）应用架构，提供包含待部署的独立应用及其之间交互作用和与组织的核心业务流程间的关系的蓝图。

（4）技术架构，描述支持业务、数据和应用服务部署所需的逻辑的软件与硬件能力，包括 IT 基础设施、中间件、网络、通信、处理和标准等。

2.1.3.2 DoDAF

1）发展概述

目前美国国防部已经正式颁布了 5 个版本的体系结构框架。在信息管理技术架构（TAFIM）框架的基础上，美国国防部于 1996 年和 1997 年先后推出 C^4ISR 体系结构框架 1.0 版和 2.0 版。随着体系结构框架应用的不断扩展和信息技术的不断发展，美国防部在 C^4ISR 体系结构框架的基础上，先后于 2004 年、2007 年和 2009 年颁布了国防部体系结构框架 1.0 版、1.5 版和 2.0 版。

鉴于 C^4ISR 体系结构框架在实践运用中发挥的巨大效益，2002 年美国国防部（DoD）将其发展为国防部的体系结构框架，并制定了开发体系结构描述的相关政策，包括联邦企业体系结构参考模型、DoDI4630.5（信息技术及国家安全系统的互用性及可支持性，2002 年）、DoDI 4630.8（信息技术及国家安全系统的程序互用性及可支持性，2002 年）、DoDI 8000.1（国防部信息资源及信息技术管理，2002 年）、DoDI 8100.01（全球信息栅格顶层政策，2002 年）等。同时，由美国国防部首席信息官领导下的体系结构和互操作委员会成立了“国防部体系结构框架工作组”，由联合参谋部、各军种和国防部长办公室各机构的代表组成。该工作组于 2003 年 1 月颁布了国防部体系结构框架 1.0 版（最终草案），进行修改完善后，于 2003 年 8 月正式颁布，并在美国国防部推广使用。

为了能够更加适应网络中心战能力建设的要求，美国国防部对体系结构框架不断进行修订。2007 年 4 月美国国防部颁布了国防部体系结构框架 1.5 版（DoDAF1.5）。在 DoDAF 的转变过程中，DoDAF1.5 运用了基本的网络中心概念，并认可新技术的发展，如面向服务的体系结构（Service Oriented Architecture, SOA）中的服务技术。此外，DoDAF1.5 更强调架构数据，而不是产品，提出了联合架构的概念，并把核心体系结构数据模型作为 DoDAF1.5 文本的组成部分。这些内容为更有效、更灵活地应用与重用架构数据铺平了道路。

随着信息技术的不断发展和作战需求的不断变化，客观上要求体系结构产品更加灵活。为保证体系结构更加实用，并且与国防部的需求、规划、预算、系统工程以及采办决策过程更加紧密关联，在 DoDAF1.5 的基础上，美国防部开发了 DoDAF2.0。

与之前的体系结构框架版本相比，DoDAF2.0 发生明显变化，具体如下。

（1）瞄准国防部的联合能力开发和集成系统、国防采办系统、系统工程、规划计划预算和执行程序以及组合管理等国防部主要改革领域，为决策提供支持。

（2）架构设计人员可以在遵循统一的数据规范的基础上，灵活选择体系结构模型，构建适合各自目的和需求的产品。

（3）详细阐述以数据为中心的设计方法，并将高效决策所需数据的采集、存储和维护放在首位，强调使用体系结构数据来支撑分析和决策制定。

（4）界定和描述了国防部内的各类体系结构，将体系结构分为项目级体系结构和企业级体系结构。由于国防部结构和职责复杂，企业级体系结构可以进一步分解为国防部级、领域级/能力级、部门级。

2）框架组成

美国国防部希望军事部门和从事军事装备研究、制造的工业部门在开发体系结构时都适用和遵守体系结构框架，确保信息的重用和对体系结构共同的理解。DoDAF2.0 是体系结构开发的顶层、全面的体系结构和概念模型，为构建、分类和组织体系结构提供指南和规则。

DoDAF2.0 主要包括概念、指导原则和模型等内容。DoDAF2.0 主要包括全视角、能力视角、作战视角、系统视角、服务视角、标准视角、数据与信息视角和项目视角，如图 2.5 所示。

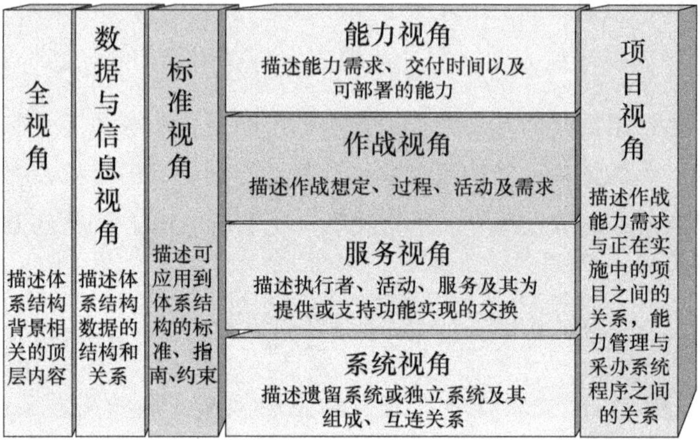

图 2.5　DoDAF2.0 视角组成

DoDAF2.0 中定义的体系结构模型如表 2.1 所列。

表 2.1　DoDAF2.0 模型集

视　角	模型编号	模型名称	概要描述
全视角	AV-1	概述和摘要信息	描述架构的范围、目的、用户，环境和分析的结论等
	AV-2	综合词典	给出架构中使用的全部术语的定义
能力视角	CV-1	能力构想	描述整体的能力构想
	CV-2	能力隶属关系	能力的定义和层次说明
	CV-3	能力阶段划分	在时间段或时间点上计划获得的能力
	CV-4	能力隶属关系	规划能力之间的关系以及能力的逻辑分组
	CV-5	能力与组织部署的映射关系	利用组织及其关联概念显示能力的部署关系
	CV-6	能力与作战活动的映射关系	所需能力与这些能力支持作战活动的映射
	CV-7	能力与服务的映射关系	能力与提供这些能力的服务之间的映射
数据与信息视角	DIV-1	概念数据模型	描述所需的高层数据概念及其关系
	DIV-2	逻辑数据模型	描述数据需求和结构化业务规则
	DIV-3	物理数据模型	描述逻辑数据实体的物理实现

续表

视　角	模型编号	模型名称	概要描述
作战视角	OV-1	高级作战概念图	作战概念的高级图形和文本描述
	OV-2	作战资源流描述	描述作战活动之间交换资源流需求
	OV-3	作战资源流矩阵	描述资源交换以及交换的相关属性
	OV-4	组织关系图	描述组织、角色和组织之间的关系
	OV-5	作战活动模型	描述能力、作战活动、活动之间的关系、输入和输出信息
	OV-6a	作战规则模型	确定限制作战活动的规则
	OV-6b	作战状态转换描述	确定作战/业务过程对事件的响应
	OV-6c	事件跟踪描述	特定作战想定或事件中行为的时序关系
项目视角	PV-1	项目组合关系	描述组织与项目之间的关系，如何对相关采办项目分组管理
	PV-2	项目时间表	提供项目的时间进度表
	PV-3	项目与能力的对应关系	描述项目与能力的映射关系，表现项目对能力的支持
服务视角	SvcV-1	服务接口描述	描述服务及其关联关系
	SvcV-2	服务资源流描述	描述服务间交换的资源流
	SvcV-3a	服务-系统矩阵	确定系统与服务之间的关系
	SvcV-3b	服务-服务矩阵	确定服务与服务之间的关系
	Svc-4	服务功能描述	描述服务执行的功能以及服务功能间的数据流
	Svc-5	作战活动对服务追溯矩阵	确定服务对作战活动的映射关系
	Svc-6	服务资源流矩阵	描述服务资源流元素的交换细节
	Svc-7	服务度量矩阵	在一定时间范围内对服务元素的度量
	Svc-8	服务演化描述	描述一组服务向更有效服务发展的有计划的步骤
	Svc-9	服务技术和技能预测	描述在给定的时段内，正在出现的服务技术对架构开发产生影响
	Svc-10a	服务规则模型	用来描述服务功能的三种产品之一，确定服务运行的限制
	Svc-10b	服务状态转换模型	用来描述服务功能的三种产品之一，确定服务对事件的响应
	Svc-10c	服务事件跟踪描述	用来描述服务功能的三种产品之一，说明服务视角中关键事件序列的服务细节

续表

视　角	模型编号	模型名称	概要描述
系统视角	SV-1	系统接口描述	确定系统、系统组成要素和它们的互联
	SV-2	系统资源流描述	描述系统之间交换的资源流
	SV-3	系统-系统矩阵	描述系统间的关系，如系统类型的接口、计划的接口与现有的接口之间的关系等
	SV-4	系统功能描述	描述系统完成的功能和系统功能之间的信息流
	SV-5a	作战活动与系统功能追溯矩阵	描述系统功能对作战活动的追溯
	SV-5b	作战活动与系统追溯矩阵	描述系统对作战活动的追溯
	SV-6	系统资源流矩阵	详细描述在系统间将交换的资源流及其交换的属性
	SV-7	系统度量矩阵	在适当的时段内，对系统元素的度量
	SV-8	系统演进描述	把现有系统扩展为未来的系统状态，或将一组系统变为更高效的一组系统的过程
	SV-9	系统技术和技能预测	在给定的时段内，预计可用新兴技术、软硬件产品和技能以及对未来系统开发的影响
	SV-10a	系统规则模型	确定由于系统设计或实现的某些原因，对系统功能产生的限制
	SV-10b	系统状态转换描述	确定系统对事件的响应
	SV-10c	系统事件跟踪描述	确定特定系统对作战视角中描述的关键事件的精细顺序
标准视角	StdV-1	标准配置文件	适用于架构中的标准列表
	StdV-2	标准预测	描述在一个时段内，正在出现的新标准及其对现有架构的潜在影响

2.1.3.3　统一体系结构框架

1）概述

统一体系结构框架（UAF）是 2017 年由对象管理组织（OMG）发布的统一体系结构框架。UAF 提供了一种互通互容能力更强大的标准化体系结构描述方法。以贯穿系统全生命周期的需求为驱动，以体系结构为主导，以域元模型为支撑，依靠统一建模语言的支持进行顶层的面向对象设计，综合考虑系统、人员、产品、流程、资源等以及它们之间的关系。

UAF 的本质是一种域元模型驱动的实现不同提交框架间互操作的单一集成体系结构框架，它既是描述、分析、规范、设计和验证复杂组织体的方法论，也是对复杂组织体进行顶层设计的具体成果形式。

UAF 采用面向对象方法，围绕真实世界的概念来组织系统的思维方式，采取自底向上归纳和自顶向下分解相结合的方式，对问题空间进行自然分割，以更接近人类思维的方式建立问题域模型，从现实世界中客观存在的事物出发来构造系统，强调直接以问题域中的事物为中心来思考、认识、解决问题；根据这些事物的本质特征，把事物归类、综合、提取共性并将其抽象为系统中的对象，作为系统的基本构成单位，通过对客观实体进行结构模拟和行为模拟，使描述的系统尽可能符合现实世界。UAF 中面向对象分析包括两方面的内容：①面向的分解；②描述系统的逻辑模型（类和对象模型）、物理模型（模块）和动态模型（交互、顺序、状态）。

2）UAF 组成

UAF 提供了标准化的分类方法，从业务、系统、人员和技术方面，在系统建设目标的统一牵引下，分别揭示系统需求、系统构成、人员组成和技术规范 4 个方面所对应的各类人员从各种角度所关注的问题，例如用户、建设部门、人事部门和技术人员关心的分别是使用、建设、人事和研制等问题。UAF 也包括了问题间的对应和转换关系，据此建立起来的系统必然体现各类人员的需求，将系统从业务到技术逐层分解为一个个更小的子系统、单元、构件及元素，避免“信息孤岛”“烟囱林立”等问题的产生。在系统框架的描述上，UAF 借用了 Zachman 框架的表示方法，如表 2.2 所列。

UAF 从分类、结构、关联、流程、状态、交互场景、信息、参数、约束、路线图、追溯等十余个视角，对系统涉及的 10 个领域进行分析。UAF 对系统领域的分解涵盖了战略目标、业务支撑到技术实现，各部分相互联系、互为支撑，如图 2.6 所示。

表 2.2　UAF 体系结构组成

领　域	分类 Tx	结构 Sr	关联 Cn	流程 Pr	状态 St	交互场景 Is	信息 If	参数 Pm	约束 Ct	路线图 Rm	追溯 Tr
元数据 Md	元数据分类	元数据结构	元数据关联	元数据流程			• 概念数据模型 • 逻辑数据模型 • 物理数据模型	• 参数环境 • 参数测量	元数据约束		元数据可追溯性
战略 St	战略分类	战略结构	战略关联		战略状态				战略约束	战略部署 战略阶段	战略追溯
业务 Op	业务分类	业务结构	业务关联	业务流程	业务状态	业务交互场景			业务约束		业务追溯
服务 Sv	服务分类	服务结构	服务关联	服务流程	服务状态	服务交互场景			服务约束	服务路线图	服务追溯
人力 Pr	人力分类	人力结构	人力关联	人力流程	人力状态	人力交互场景			技能驱动，性能	• 人力可用性 • 人力资源演化 • 人力资源预测	人力追溯
资源 Rs	资源分类	资源结构	资源关联	资源流程	资源状态	资源交互场景			资源约束	• 资源演化 • 资源预测	资源追溯
安全 Sc	安全分类	安全结构	安全关联	安全流程					安全约束		安全追溯
项目 Pj	项目分类	项目结构	项目关联	项目流程						项目路线图	项目追溯
标准 Sd	标准分类	标准结构								标准路线图	标准追溯
实际资源 Ar		实际结构	实际资源关联	仿真					参数执行/评估		
字典											
总结与概述											
需求											

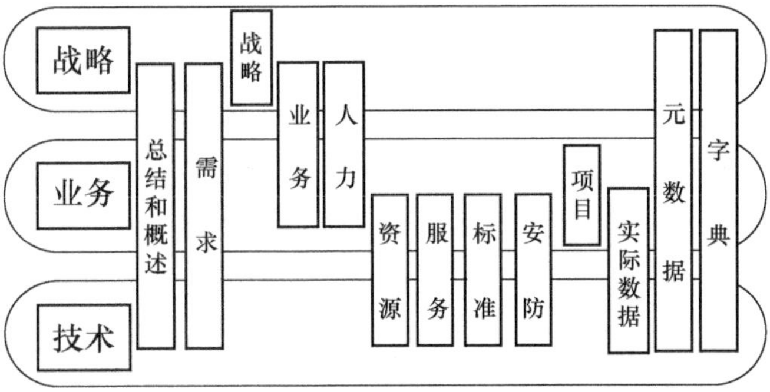

图 2.6　UAF 领域分解示意图

（1）对复杂组织体架构、分析背景及高层次概念关系进行总结和概述。

（2）明确架构、分析需求、确定复杂组织体发展战略。

（3）以实现战略目标需求为牵引，设计复杂组织体战略能力体系，构建支撑能力实现的业务体系，清晰、完整地描述业务目标和操作流程、业务要素相互关系及其对系统的需求，为系统总体设计奠定基础。

（4）根据业务架构，定义和探索组织资源分类、架构人力体系、关注岗位职责关系及岗位之间的关系，以设计出“适合人员的系统”，再进行软硬件及网络资源的合理配置。

（5）描述支持、保障业务活动所需服务，描述实现协议、技术准则等技术标准和操作原则、行业流程标准等非技术标准，为指导系统架构提供原则、方针和指南。

（6）描述、定义资产和资产所有者的安防等级、安防政策、法律和指导。

（7）通过描述项目和项目里程碑，包括项目交付能力、组织资源对项目的共享和项目间的依赖关系等，提供架构的实现方案，通过工程项目管理方法提高系统运转效率。

（8）通过假设、权衡实际资源配置的不同选择，确定实际资源配置预期，对不同架构方案进行对比分析。

（9）从战略、业务到技术，通过与整个系统架构相关的元数据及字典，进行统一建模设计。

UAF 的开发使用了模型驱动的方法，模型是思考问题的基本方法，是设计工作的基础，基于模型方法是开发、分析和维护复杂信息系统的关键，其提供系统需求分析、功能分析、架构设计、需求确认和验证活动所需的形式化建模方法和模型执行手段。通过建立和使用一系列模型，建立连续、集成、覆盖全生命周期的模型驱动工作模式，使复杂信息系统中的每一个要素、行为都被捕捉为一个模型元素或元素之间的关系，并位于系统建模的特定位置。模型元素的重用为体系结构的一致性提供了保障。

2.1.4 体系结构相关研究

体系结构的研究是广泛而分散的，当前有很多的会议以及期刊均涉及体系结构的研究，其中不乏顶级的会议与期刊，例如国际信息系统协会（Association of Information Systems，AIS）明确的顶级会议与期刊列表。通过搜集典型的体系结构研究文献，本节提炼了体系结构研究的主要关注点以及对应的研究组织。因为研究体系结构的组织非常多，本节只列举典型的研究组织，如表 2.3 所列。表 2.3 不保证可以穷举所有的研究内容，而倾向于对当前体系结构的主要关注点以及主要的组织进行说明。

表 2.3 与体系结构相关的主要研究点与团体

关注点	描　述	组　织
体系结构评估	评价体系结构相关指标，如可维护性、可靠性、安全性等	瑞典皇家理工大学、哈佛商学院、圣加仑大学、里斯本大学、奥格斯堡大学
BITA	采用体系结构方法解决 BITA 相关问题	瑞典皇家理工大学、圣加仑大学、特温特大学、洛桑联邦理工学院
需求分析	体系结构文本、产品的需求分析	瑞典皇家理工大学、特温特大学、隆德大学、因斯布鲁克大学、慕尼黑工业大学、IBM 公司
体系结构管理	企业管理、业务流程管理等	慕尼黑工业大学、圣加仑大学、奥胡斯大学、威斯康星大学、IBM 公司
SOA	分析 SOA 与体系结构的结合方式	圣加仑大学、根特大学、奥格斯堡大学、IBM 公司

续表

关注点	描　述	组　织
理论研究	研究体系结构框架、本体等内容	墨尔本大学、悉尼大学、科隆大学
体系结构设计	分析如何有效地进行体系结构设计	慕尼黑工业大学、圣加仑大学
架构演化与转型	考虑如何维护体系结构，并对它进行演化转型	慕尼黑工业大学、圣加仑大学
工具	分析体系结构设计与维护的相关工具	瑞典皇家理工大学、慕尼黑工业大学、IBM 公司

根据前面几个小节对体系结构研究现状的分析，可以得到相关结论，主要列举如下。

（1）随着信息系统复杂化与动态化的提升，在体系早期阶段进行架构规划是非常必要的，这有助于组织系统内外部需求，规范具体实施过程。美军采用体系结构方法实施的联合能力开发和集成系统、国防采办系统、规划计划预算和执行程序等项目就是在该阶段落实的。

（2）通过近些年的体系结构研究文献来看，研究学者主要关心体系结构的分析与管理。体系结构分析关注于体系结构性能效能指标的度量，体系结构管理关注于体系结构具体实施过程中的运用机制，这些内容是影响体系结构理论如何落地的关键。

（3）通过对研究组织的探索可以发现，民用体系结构的研究团体主要集中在欧洲，而军事领域体系结构的研究组织主要集中在美国。

（4）根据体系结构框架与数据元模型的发展历程可以发现，军队与企业关于体系结构的研究在不断融合。随着体系结构框架不同版本的发布，需要整合不同的框架来规范建模方法，实现数据与架构的重用，UAF 框架的发布便表明了兼容军用与民用体系结构的初衷。

2.2 体系结构对 BITA 问题的支撑

BITA 问题的有效解决，离不开体系结构方法的支撑。从 BITA 的角度考虑，采用体系结构方法是解决 BITA 需求的必然趋势。在信息化时代下，随着组织内部要素的层次化、复杂化、动态化趋势日益明显，迫切需要一个行之有效的方法来描述这些元素，并且建立关联。研究学者从需求工程的角度指出 BITA 问题是业务和 IT 管理领域的顶级需求。Jarke 指出体系结构管理是处理需求工程领域相关需求的有效手段。Hansen 认为体系结构是需求工程的核心主题，采用合理的体系结构方法有助于规范系统应用与流程设计。从该角度来看，解决 BITA 需求可以采用体系结构方法。

从体系结构的角度考虑，采用体系结构方法解决 BITA 问题具有天然优势。从定义上说，体系结构理论的核心正是 BITA 问题的关键。体系结构规范业务架构、应用架构、IT 架构、数据架构等内容，并建立架构之间的关系以及随时间演化的指南，有助于支撑 BITA 的实现。正如 Ross 所说，BITA 是体系结构开发结果的体现。Wegmann 指出体系结构学科的目的是有效地适配组织战略以及组织的流程和资源（业务和 IT）。从设计上说，Duffy 直接认为关于 BITA 的设计属于体系结构领域。Winter 认为体系结构详细地设计了业务与 IT 相关的模型，提供了一个更加有效地适配业务与 IT 的途径。总之，体系结构普遍被认为是实现 BITA 问题的有效手段和工具。

研究学者多关注从体系结构框架的角度分析体系结构对 BITA 的支撑。体系结构框架为体系结构的开发提供了统一的规范。Hinkelmann 与 Pasquini 分析了 Zachman 框架对 SAM 模型的支撑。Zachman 框架是 Zachman 在 1978 年提出的，采用 6 行 6 列的矩阵来规划体系结构内容，其中每行关联一个利益相关者视角，自顶向下依次表示执行者视角业务管理者视角、架构师视角、工程师视角、技术负责人视角以及组织本身；每列对应与组织相关的一个问题，自左向右依次为 What（数据）、HoW（功能）、Where（位置）、Who（人员）、When（时间）、Why（动机）。Hinkelmann 与 Pasquini 认为 Zachman 框架可以较好地支撑 SAM 模型，如图 2.7 所示，其中前 5 列表示结构与流程等内容，最后 1 列表示战略内容。Zachman 框架内容与 SAM 的对应关系说明了采用 Zachman 框架进行体系结构开发可以有效地实现 BITA。

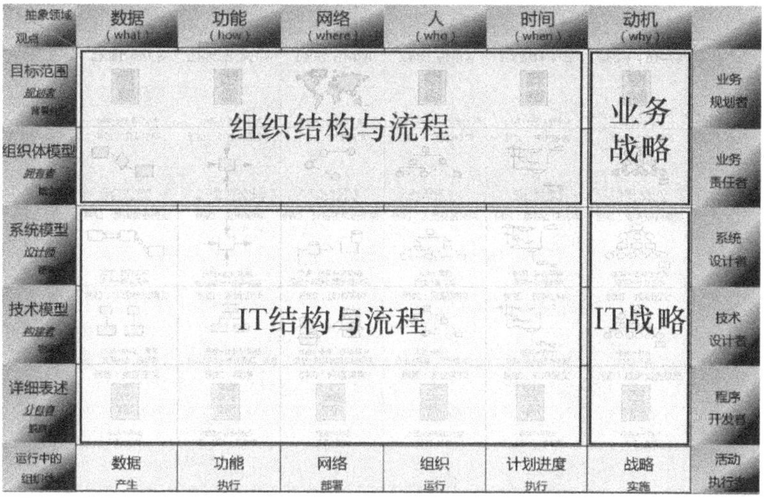

图 2.7　Zachman 框架与 SAM 的关系

不同于 Zachman 框架从矩阵的角度规划架构内容，TOGAF 按照不同层次分类体系结构模型。TOGAF 的核心设计流程主要包含框架和原则（预先阶段）、架构视角（阶段 A）、业务架构（阶段 B）、信息系统架构（阶段 C）、技术架构（阶段 D）等阶段。Kurniawan 与 Suhardi 详细分析了 TOGAF 框架的设计流程对 BITA 成熟度模型（Strategy Alignment Maturity Model，SAMM）的支撑，如表 2.4 所列。SAMM 模型广泛运用于 BITA 度量领域，根据 Kurniawan 与 Suhardi 的分析，TOGAF 的各个开发阶段可以有效支撑 SAMM 的 6 个准则，在体系结构设计阶段不断提高 BITA 的成熟度。

表 2.4　TOGAF 开发过程与 SAMM 的关系

设计流程	元模型	产　品	SAMM
预先阶段	架构原则	原则	C1, C4, C6
阶段 A	组织视角	业务原则、目标、和驱动	C1
	战略目标		
	业务原则和目标		
	架构需求	价值链路图	C3
	利益相关者	利益相关者图	
		利益相关者矩阵	
	组织结构	组织目录	C3
	组织单元	角色目录	C4

续表

设计流程	元模型	产　品	SAMM
阶段 B	业务能力	业务目录	
	业务服务	业务交互矩阵	
	业务流程	业务流程图	
阶段 C	数据实体	数据实体目录	C1 C3 C4
		数据实体/业务功能矩阵	
	逻辑数据	对象领域模型	
	概念数据组件	概念数据模型	
	应用组合	应用目录	
	应用组件	应用/组织矩阵	
		应用交互图	
		应用通信图	
阶段 D	平台服务	技术目录	C4 C5
	逻辑技术组件	应用/技术矩阵	
	物理技术组件	业务-应用-技术图	

鉴于一般体系结构框架（如 DoDAF、TOGAF 等）中均包含业务架构与 IT 架构等内容，Aier 与 Winter 直接把业务架构与 IT 架构之间的关联看作是 BITA 架构，通过要素之间的关联实现业务架构与 IT 架构的集成，如图 2.8 所示。Aier 与 Winter 把 BITA 看作要素解耦的过程，根据不同场景动态地适配业务内容与 IT 内容，并根据聚类算法分析复杂业务与 IT 流程下 BITA 的实现过程。

总之，体系结构理论方法对 BITA 问题具有较好的支撑作用。体系结构是复杂组织的顶层架构，对体系结构进行设计，有助于在早期明确各要素之间的关系，因此，采用体系结构方法可以为 BITA 问题的解决提供一个较优的途径。

在复杂信息系统中持续把握业务与信息技术的适配，需要在架构阶段明确适配需求、实现适配的方法以及对适配的治理途径，采用体系结构来实现业务与技术的适配，这不仅是组织 BITA 的需求，也是加强复杂信息系统体系结构各视图之间依赖关系的需要，可以促进体系结构的实践。

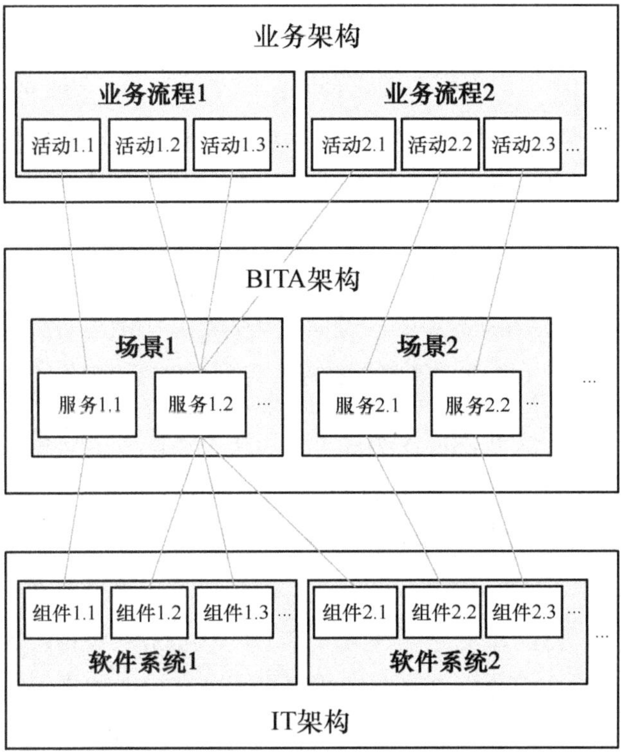

图 2.8　Aier 与 Winter 提出的 BITA 架构

2.3　研究现状

为分析基于体系结构的 BITA 相关研究，梳理研究趋势，本节采用 5W1H 方法进行综述分析。为确保得到的文献均采用体系结构方法解决 BITA 问题，文献搜集过程需要明确数据库、关键词以及筛选准则。

（1）选用常用的文献数据库，并且在搜集过程中着重考虑一些该领域著名的国际会议或者期刊，如国际信息系统会议（International Conference on Information Systems），欧洲信息系统会议（European Conference on Information Systems），欧洲信息系统期刊（European Journal on Information Systems），夏威夷系统科学会议（Hawaii International Conference on System Sciences）等。

（2）采用关键词的方法对数据库中文章的标题和摘要进行查找。关键词由 3 类内容组成：与适配内容相关的关键词，如业务与 IT（Business and IT），战略（Strategy），业务（Business），信息技术（IT）；与适配表述相关的关键词，如 Alignment, Fit, Suit, Synergy, Coherency；与架构描述相关的关键词，如企业架构（Enterprise Architecture），业务架构（Business Architecture），组织架构（Organizational Architecture），体系架构（Systems of Systems Architecture）。通过组合上述 3 类关键词得到最终的关键词，认为组合中上述每类关键词至少包含一个条目。本步骤采用关键词搜索数据库，得到 178 篇文献。

（3）为删除内容不相关的文献，进一步引入文献筛选原则：所选文献必须包含体系结构的定义以及 BITA 的定义；所选文献必须解释体系结构与 BITA 之间的关系。通过阅读 178 篇文献，最终得到符合需求的 157 篇文献，这 157 篇文献分布在 2002—2021 年。

基于得到的 157 篇文献，采用 5W1H（When，Who，What，Where，Why，How）方法详细分析每篇文献的研究内容，旨在搜集每篇文献的发表时间、研究作者、研究问题、研究种类、研究目的以及研究方法，进而归纳 157 篇文献的分析结果，回答以下 6 个研究问题：文献的发表趋势；研究学者合作网络的分布；文献主要的研究问题；文献所属的研究种类；文献主要的研究动机和挑战；文献采用的研究模型与技术。通过对这 6 个方面的分析，可以综合理解当前采用体系结构方法解决 BITA 问题的思路与现状。

2.3.1　文献发表趋势

本节旨在回答第 1 个研究问题：分析文献的发表趋势。图 2.9 显示了 157 篇文献的发表时间。根据图 2.10 所示的结果，可以得到如下结论。

（1）采用体系结构方法解决 BITA 问题的文献数目呈现一个缓慢上升的趋势，虽然上升趋势不显著，并且时有下降的现象，但是数字是在逐步上升的。

（2）2003 年之后文献数目的增长趋势是比较明显的，这个结果与体系结构研究的趋势相一致。根据体系结构的相关研究，Simon 等指出 2003 年之后体系结构的研究得到了快速发展，多个版本的体系结构框架在该时间段被发布。体系结构研究的增长刺激了面向体系结构的 BITA 研究。

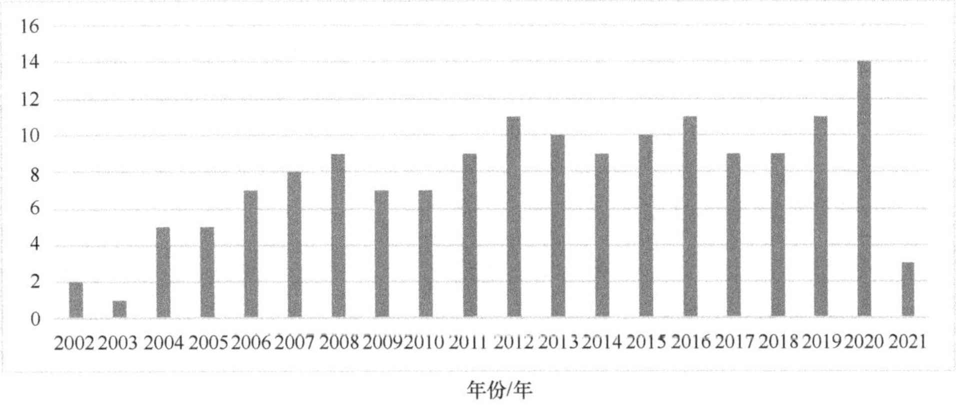

图 2.9　157 篇文献的发表时序

（3）近些年来研究的发展趋势比较平缓。前期理论研究有了一定积累，但是体系结构理论以及 BITA 理论的难以实践阻碍了两者的进一步结合。Ullah 指出 BITA 理论研究难以捕捉适配的真正用途，以至于实践者对 BITA 流程的执行比较消极。Simon 也认为很难将体系结构的研究成果运用于实践管理。Chan 认为环境的动态变化使体系结构与 BITA 在实践中的结合变得困难。因此，关于体系结构与 BITA 在实践上的结合有助于刺激近来的研究。

2.3.2　研究学者合作网络

本节旨在回答第 2 个研究问题：探索 157 篇文献之间的研究学者合作关系。通过提取研究学者之间的合作关系以及频率，可以分析文献研究的协同程度，并且挖掘主要的研究团体。本节采用 Gephi 工具构建研究学者的合作网络，该工具通过对交互关系的提取来可视化网络结构，并且允许定量化的图形分析，包括平均度、加权平均度、平均度中心性、网络直径、图密度、图模块化等，其中图密度用来表达网络的连接程度，图模块化表示团体结构的存在 程度。

通过提取 157 篇文献的学者合作关系，可得到包括 245 个节点和 483 条连边的研究学者合作网络。该合作网络的平均度中心性数值为 3.943，网络直径为 4，这两个指标显示出研究学者之间的合作频率比较缺乏。另外，该合作网络的图密度为 0.016，图模块化数值为 0.852，这两个指标同样说明整体的研究者合作网络呈现零散分布的趋势。

借鉴 Fruchterman 和 Reingold 提出的方法，本节重点分析合作网络的聚类效果。该方法强调过滤合作网络的连边和节点，使网络变得更加清晰。本节首先过滤边权重小于等于 3 的连边，然后针对结果删除点度数小于等于 1 的节点，可以得到如图 2.10 所示的简化合作网络。

如图 2.10 所示，多个零散分布的结构使网络产生聚类的效果。其中，图 2.10 左上方的类别主要由瑞典皇家理工大学的研究学者组成；图 2.10 右上方的类别主要由里斯本大学的研究学者组成；图 2.10 中间层左侧的研究学者主要来自圣加仑大学；图 2.10 中间的研究学者主要来自通信与计算科学学院；图 2.10 中间层右侧的研究学者主要来自葡萄牙 SA & IST/DEI 咨询机构；图 2.10 层主要包含来自荷兰根特大学和 BIZZ 组织的研究学者。通过以上对度和权重的过滤，发现存在主要合作关系的研究学者主要来自同一个研究机构或者学校。图 2.10 层类别是唯一的例外，是因为 Iacob 和 Jonkers 之前均在 Telematica 研究机构工作，并且开展过类似的研究。

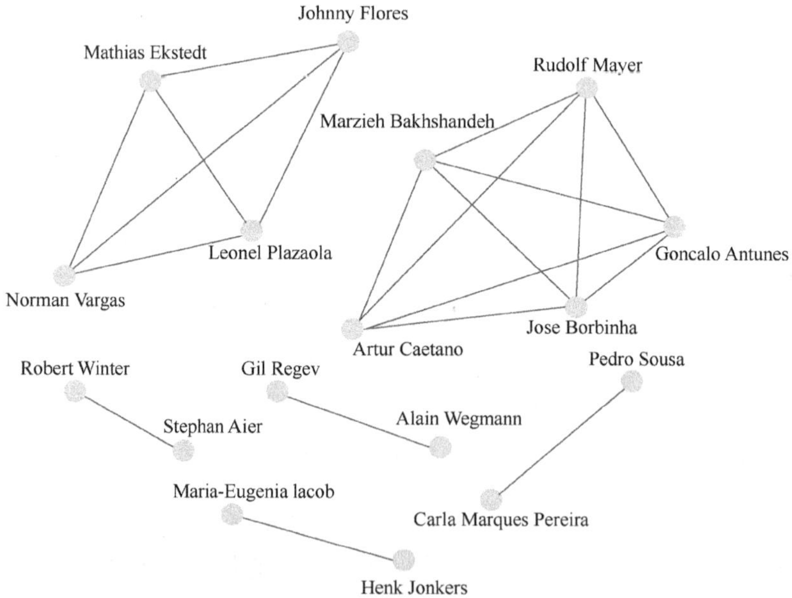

图 2.10　研究者合作网络（边最小权是 3，点最小度是 1）

根据上述的分析结果可以发现，当前研究学者之间的合作关系是不充分的，采用体系结构方法解决 BITA 问题的研究广泛散布于不同的研究团体中。为了便于综合分析 BITA 与体系结构方法，未来的研究有必要逐渐实现当前方法的认同性与一致性。

2.3.3　文献研究问题

本节旨在探讨第 3 个研究问题：文献涉及的主要研究问题。不同文献的研究问题可能是相同或者不同的，分类并归纳研究文献包含的研究问题有助于提炼研究趋势，把握文章的侧重点。通过对文献内容的分析可以发现，体系结构方法已经应用于 BITA 研究的各个阶段。根据文献，提取出 4 个主要的研究问题。

（1）体系结构与 BITA 之间的关系是什么？目前，存在很多探讨体系结构与 BITA 之间关系的研究文献。例如，Alaeddini 与 Salekfard 详细分析了采用体系结构方法解决 BITA 问题的积极作用；Parchami 详细解释了不同的体系结构框架与 BITA 之间的关系；根据分析结果，Bradley 等证明体系结构开发方法有助于实现 BITA 问题，并且达到较好的敏捷性。目前，讨论体系结构与 BITA 之间关系的文献多采用文献调查、模型比较、实例验证等方法。

（2）怎样采用体系结构方法实现 BITA？该问题主要关注于如何采用体系结构方法实现业务元素与 IT 元素之间的适配。例如，Zarvic 和 Wieringa 通过比较不同的体系结构框架在解决 BITA 问题上的优劣，提出了一个综合的 BITA 实现框架；Iacob 从业务模型的角度对 Archimate 建模语言进行扩展，以达到更好描述 BITA 的目的；Wegmann 等提出了一套系统体系结构方法（System Enterprise Architecture Methodology，SEAM）来建模和实现 BITA。一般来说，研究学者倾向于开发实现模型或框架来解决该问题。

（3）怎样采用体系结构方法度量 BITA？该问题关注利用体系结构的模型和数据来度量当前的 BITA 成熟度。Plazaola 和他的同事尝试从 Zachman 框架中搜集数据，并用于 BITA 成熟度的度量。为了度量业务与信息系统之间的不一致程度，Carvalho 和 Sousa 从医药科学的视角出发，讨论不适配状态与人类疾病的相似性，并提出 BITA 的度量过程。另外，Elhari 和 Bounabat 开发了一个体系结构评估平台，采用 Luftman 提出的成熟度模型 SAMM 来度量体系结构的 BITA。

（4）怎样采用体系结构方法维持 BITA？目前，BITA 的动态性已经得到研究学者的广泛认同，认为 BITA 是一个不断处理动态业务需求和 IT 创新的持续过程。一些研究学者从体系结构的角度，探讨了维持动态 BITA 的架构治理原则与方法。例如，Chen 把面向服务的体系结构（Service Oriented Architecture，SOA）运用于传统的体系结构框架中，讨论了体系结构应对外部变化以及重新达到适配的途径。IBM 在体系结构中综合考虑了业务流程管理（Business Process Management，BPM）与 SOA 方法，并且讨论了它们在不同 BITA 场景下的应用模式。为了解决 BITA 过程中不同角色的相互交流与理解问题，Fischer 等提出了一个体系结构可持续维护流程。

通过分析，上述的 4 个研究问题广泛存在于 157 篇研究文献中，其中一些文献包含了多个研究问题。例如，Chen 的研究成果既可以用来解释如何采用体系结构理论实现 BITA，也涉及了体系结构对 BITA 的维持过程。图 2.11 了上述 4 个问题的研究数目。

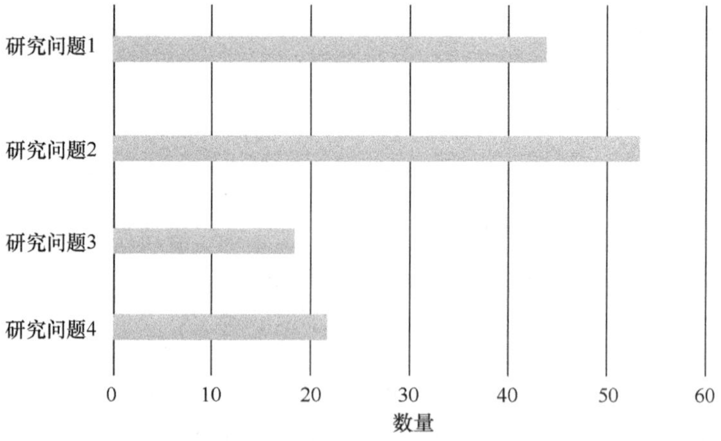

图 2.11　4 个问题的研究数目

由图 2.12 可知，前两个问题得到研究的数目大大超过了后两个问题得到研究的数目。其中，如何采用体系结构方法实现 BITA 获得了最多的关注，而如何采用体系结构方法度量 BITA 得到了最少的研究。另外，第 4 个研究问题主要关注于 BITA 如何应对内外部环境变化带来的挑战，该问题在近些年得到了广泛关注。Chan 指出开展动态 BITA 的研究是困难却有益的。可以预期，针对后两个问题开展具有针对性的研究是非常有价值的。

2.3.4 文献研究种类

本节主要回答第 4 个问题：探讨文献的研究种类以及数目。一般 BITA 的研究会包含多种适配类型，如 SAM 模型包括战略适配与功能集成类型；Sabherwal 等认为战略信息系统主要包括战略适配、业务适配、信息系统适配、结构适配、以及跨领域的适配等类型；Magoulas 等主要关注于结构适配、信息逻辑适配、功能性适配、社会文化适配、上下文适配等类型。

同样，157 篇文献中包含与体系结构相关的 BITA 研究类型。例如，Pereira 等人认为 BITA 问题存在于业务架构、信息架构以及应用架构之间；Fritscher 和 Pigneur 主要讨论了业务模型与体系结构之间的适配类型；IBM 把业务流程管理与面向服务的架构等方法应用于体系结构与解决方案之间的适配。为综合分析面向体系结构的 BITA 研究类型，这里提出涵盖这些研究类型的 3 层 BITA 框架，如图 2.12 所示，该框架主要包括 9 个实体以及 12 种 BITA 类型。

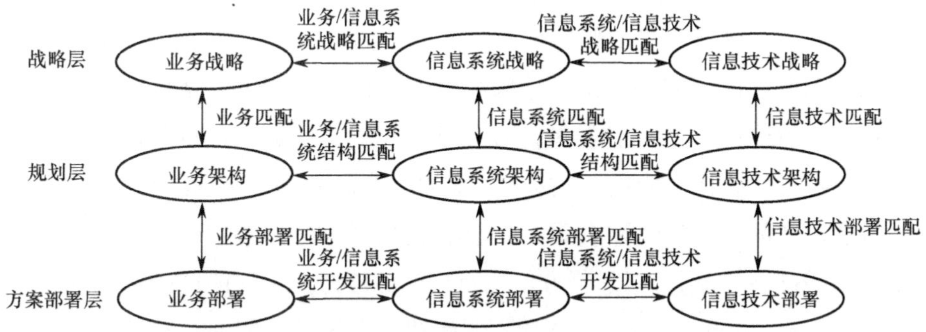

图 2.12 面向体系结构的 3 层 BITA 研究种类

图 2.12 涵盖了体系结构设计的主要过程，分为战略层、规划层和方案部署层。

战略层是指为了达到业务与技术目标而进行战略决策的过程，该层解释了体系需要实现的使命与目标，包括以下实体：①业务战略，它是对业务竞争力等目标的表达；②信息系统战略，用于描述信息系统对组织的影响程度，如性能或者代价；③IT 战略，用于解释应对 IT 变化所需要采用的 IT 决策方案。

规划层主要指体系结构设计过程，分为三个实体：①业务架构，它是指对业务战略、流程、功能需求等内容进行实现的结果，包括业务流程、组织结构、业务功能以及它们之间的关系等；②信息系统（Information Systems, IS）架构，用于描述实现业务需求的信息系统集合，包括应用、服务、应用功能等内容；③IT 架构，用于解释支撑信息系统的技术集合，包括软件、硬件、网络等内容。

方案部署层旨在为规划层建立解决方案模型，以利于项目的实践开展。业务部署方案、信息系统部署方案以及 IT 部署方案是该层主要的交付产品，具体化为业务部署方案模型、信息系统部署方案模型、IT 部署方案模型等内容。

以上 9 个实体之间的对应关系形成了不同的 BITA 种类。水平方向来说，业务战略、IS 战略以及 IT 战略之间的适配属于战略适配（Strategic Alignment）范畴，主要指业务目标、IS 目标以及 IT 目标之间的映射关联。例如，Luftman 详细解释了战略适配的定义以及如何概念化描述；Bricknall 等针对医药公司的案例，采用平衡计分卡的方法分析战略适配的度量结果。介于业务架构、IS 架构、以及 IT 架构之间的适配称为结构适配，主要指体系结构描述模型、数据、行为之间的一致关系。例如，Pereira 和 Sousa 等讨论了不同体系结构层次之间的结构适配关系；Strnadl 提出了一个流程驱动架构来实现结构适配。业务部署方案、IS 部署方案以及 IT 部署方案之间的适配称为开发适配（Development Alignment），主要指不同解决方案模型之间的一致性开发需求。IBM 认为可以把 SOA 方法运用于解决方案模型的开发适配过程。

从垂直方向来说，战略层与规划层之间的映射包含业务适配（Business Alignment）、信息系统适配（IS Alignment）以及 IT 适配（IT Alignment），它们均表示目标与规划方案之间的实现与支撑关系。例如，Fritscher 与 Pigneur 通过扩展业务模型来适配业务战略与体系结构；Hinkelmann 与 Pasquini 提出一个业务模型驱动方法来适配业务战略与 Archimate 模型。相似地，规划层与解决方案层之间的映射关系包含了三种部署适配（Deployment Alignment）：业务部署适配、IS 部署适配以及 IT 部署适配。项目管理方法常被用来确定体系规划与部署方案之间的协调一致关系。

通过分析文献，对应的研究类型可以映射到图 2.12 的线上，进而得到不同类型获得研究的频率，如图 2.13 所示。统计过程中发现一些文献涉及了多种适配类型。其中，结构适配类型得到了最多的研究，业务适配类型次之，业务适配得到了比 IS 适配和 IT 适配更多的关注。由于战略适配的研究主要存在于 BITA 领域，关联到体系结构方法的战略适配研究相对较少。开发适配获得了较少的研究，其中大部分是从 IBM 或者 OMG 组织的白皮书中得到，主要考虑采用 BPM 或者 SOA 技术来设计部署方案模型。从图 2.13 可以看出，3 种部署适配获得了最少的研究。

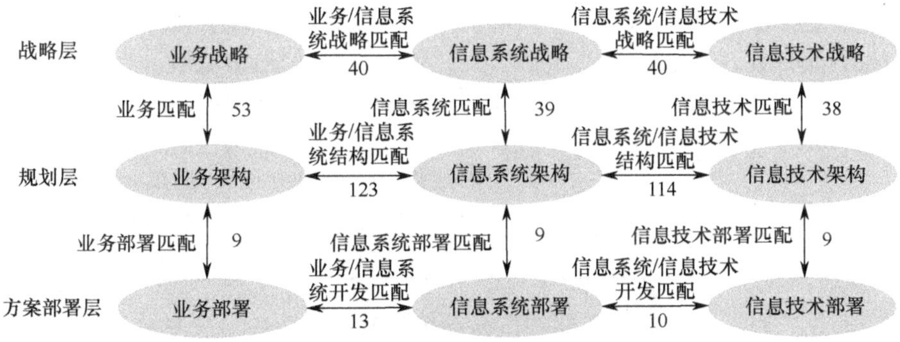

图 2.13 文献对应的 BITA 研究类型频率

综上所述，当前采用体系结构方法解决 BITA 问题的研究主要关注于战略层、规划层或者这两层之间。围绕业务架构的适配种类获得了最多的研究。另外，围绕解决方案层的适配类型研究最少，也为下一步的研究的开展提出了要求。

2.3.5 文献研究原因

本节主要回答第 5 个研究问题：提炼采用体系结构方法研究 BITA 的原因。一般来说，每篇文献的展开主要依赖于两个问题：为什么要采用体系结构方法处理 BITA 问题？根据当前已有的研究，为什么还要提出新的解决方法？第一个问题关注于采用体系结构方法解决 BITA 问题的动机；第二个问题关注于体系结构理论在解决 BITA 过程中遇到的难题。这两个问题是文献开展研究的立足点。通过分析每篇文章的动机与挑战，并对相似的条目进行分类统计，最终可以得到当前研究的动机与挑战，如表 2.5 所列。

表 2.5 采用体系结构方法解决 BITA 问题的动机与挑战

动机	挑战
体系结构是一个较好的 BITA 描述方法； BITA 是体系结构开发的目标； 采用体系结构方法易于获得竞争性与价值； 体系结构是 BITA 的管理工具； 体系结构支撑组织转型规划； 体系结构易于降低组织复杂性； 体系结构易于提高组织敏捷性； 体系结构易于最大化 IT 投资效率； 体系结构有助于减少组织的不确定性； 体系结构可提高可达性与容错率	难以处理业务与 IT 的动态变化； 结合 BITA 与体系结构的效果还不明显； 理解环境与战略是困难的； 体系结构方法缺少理论基础； 当前的体系结构建模语言是不充足的； 体系结构管理难以起到有效的作用； 缺乏有效的或者统一的体系结构框架； 不适配分析得到了太少的关注； 采用体系结构方法很难评估 BITA； 实践研究是缺乏的； 缺乏体系结构描述 BITA 的工具； 体系结构与 SOA 之间的关系不清晰； 遗留系统问题没有得到有效解决

表 2.5 列举了 10 个主要的研究动机。其中，一些研究学者认为体系结构方法是一个很好的 BITA 描述方法。体系结构包含一套一致的原则、方法以及模型，可以用来设计和实现体系的组织结构、业务流程、信息系统以及基础设施。因此一些研究学者直接认为 BITA 是体系结构开发过程中可以实现的目标，采用体系结构处理 BITA 问题可以增加体系的竞争性和价值、降低组织的复杂性、提高组织的敏捷性、最大化 IT 的投资回报率、降低组织的不确定

性、提高组织的可达性和容错程度。同时，体系结构不仅被认为是实现 BITA 的方法，也被认为是管理 BITA 的工具。基于体系演化与转型的能力，体系结构理论也便于实现 BITA 问题的不断演化。

同时，表 2.5 也总结了当前研究存在的诸多挑战。首先，很多研究学者指出当前研究在解决动态业务环境、IT 创新、平台迁移等方面存在困难。研究学者常采用 SOA、BPM 以及元模型等方法来解决这些问题。其次，一些研究学者认为虽然体系结构在实现 BITA 方面有明显的优势，但是它们结合的效果还没有被充分挖掘。因此，问卷调查、文献分析等方法被用来解释体系结构的优势。再次，研究学者认为业务战略与外部环境总是没有被充分的理解，因此需要对业务模型进行拓展。最后，一些研究学者认为当前面向体系结构的 BITA 研究缺乏理论基础，为了解决这一问题，研究学者从建模语言、体系结构框架、工具、案例等方面开展研究。体系结构管理是实施配置、引导战略一致性变化的主要方法，一些文章讨论了当前体系结构管理方法在解决 BITA 方面的不足。从 BITA 研究的另外一个角度出发，一些研究学者认为不适配分析（Misalignment Analysis）应该高度关注，来识别适配过程中存在的缺陷。另外，文献对怎样采用体系结构方法度量 BITA 问题还不清晰，BITA 与 SOA 的关系也是如此。通过分析，Pepin 认为遗留系统问题还没有与当前的方法完全适应。通过上述的论述，由于目前存在的诸多挑战，体系结构方法与 BITA 相结合的优势与能力还没有被完全实现。

总之，上述提到的研究动机以及挑战说明了当前研究的着眼点以及下一步开展研究的主要方向。尽管考虑体系结构方法解决 BITA 问题是具有优势的，但是它们结合的过程目前还充满了一系列问题。

2.3.6　文献研究模型

本节旨在回答第 6 个研究问题：探讨文献普遍采用的模型与技术。首先，采用内容分析方法收集文献引入的研究模型；然后，从第 2.3.4 节包含的 4 个研究问题出发，列举了 15 个具有代表性的研究模型。模型名称、描述以及来源如表 2.6 所列。

表 2.6　采用体系结构方法解决 BITA 问题的研究模型

模　型	描　述	来　源
关系		
结构等式模型	采用结构等式模型计算 BITA 与体系结构之间的关系	Abdi, Bradley, Morteza
体系范式（Federal Enterprise Model，FEM）	采用 FEM 从更广阔的视角而不仅仅是业务战略视角来描述 BITA	Magoulas, Parchami
系统动力学模型	采用系统动力学模型来检查 SOA 运用于 BITA 过程的有效性	Choi
实现		
SEAM	通过服务视图、价值视图、企业视图来描述业务、体系结构、软件开发之间的关系	Weggman
基于场景的模型	提出不同 BITA 场景下的体系结构元模型	Saat
SOAGM	把 SOA 运用于体系结构的治理流程	Haki
SAMM-TOGAF 模型	建立 SAMM 成熟度模型与 TOGAF 框架的映射关系	Kurniawan
扩展的业务模型	把业务模型与体系结构建模语言相结合，使 BITA 的描述与实现更加全面	Fritscher, Hinkelmann, Iacob
度量		
BITA 评估	提出一个体系结构元模型方法来度量 BITA	Plazaola
BISMAM	从医药科学的角度可视化与度量 BITA	Carvalho
BEA	采用基于事件的本体来适配业务模型、IT 模型以及人力资源内容	Kang
维持		
BITAM/BITAM-SOA	提出在动态环境中纠正不适配状态的体系结构框架	Chen
EAM	提出一个联合的维护流程来不断更新体系结构模型	Fischer
IBM 模型	提出一个包含 BPM、SOA 与体系结构的综合框架，来处理不同的 BITA 实践模式	IBM
LEAP	通过仿真的方法来分析体系结构以及对应的 BITA 层级	Clark

在解释 BITA 与体系结构关系的方面，本节列举了 3 个研究模型。首先，文献常采用结构等式模型来计算体系结构与 BITA 结合的重要性与影响力。其次，Magoulas 和他的小组引入一个新的框架来理解体系范式，并且与 3 个常用的体系结构框架进行比较。再次，Choi 提出了一个系统动力学模型来解释不同的 SOA 实现策略在 BITA 和代价方面的实现程度。

本节还列举了 5 个涉及如何采用体系结构方法实现 BITA 问题的研究模型。为了提高体系结构的理论基础，Wegmann 和他的同事们提出了一套系统化体系结构方法，主要包括服务视图、价值视图以及企业视图。Saat 等认为当前的研究并没有区分不同的 BITA 应用场景，结合多个 BITA 场景和多个体系结构质量，提出了一个综合的体系结构元模型。同时，鉴于 SOA 技术在解决 BITA 问题方面的优势，文献提出了一个 SOA 治理模型，达到引导体系结构设计与转型的目的。为了在实现 BITA 过程中更好地利用体系结构，Kurniawan 集成 BITA 成熟度模型与 TOGAF 9.1，其中每一个体系结构设计阶段的原则和交付物均被详细解释。此外，鉴于当前文献对体系战略的不充分描述，研究学者从业务内容方面不断地扩展业务模型，并将业务模型与体系结构建模语言进行结合。

从 BITA 度量的视角考虑，Plazaola 与他的同事基于 Luftman 提出的成熟度模型 SAMM，引入 BITA 评估元模型，并与 Zachman 体系结构框架中的描述模型进行比较。Carvalho 和 Sousa 从医药科学的视角描述和度量 BITA，开展了比较有意思的研究，他们认为 BITA 中存在的不适配问题与人体的疾病比较相像，因此把医药科学中的概念与技术运用于不适配分析领域的分类与管理中。另外，Kang 认为体系应该满足业务战略、业务流程以及资源之间的适配需求。他提出基于业务的体系结构元模型，采用事件本体描述一致性，并采用矩阵的方法可视化适配关系。

从演化的角度出发，Chen 结合体系结构设计流程提出了 12 个步骤来管理、监测、纠正不适配特征。在他的另外一项研究中，该流程与 SOA 相结合，不断达到从业务到技术以及从技术到业务的适配。鉴于业务和 IT 方面存在的动态调整需求，Fischer 等认为 BITA 的管理是一个持续的流程，而不是一次性的尝试，并提出了一个体系结构维护流程来持续更新体系结构描述模型，促进了体系结构利益相关者之间的相互理解与信息共享。另外，IBM 公司认为一个长期的体系转型可以通过把 SOA 设计原则与 BPM 相结合的方式得到。IBM 公司白皮书中详细介绍了这些概念之间的关系，并且提出了多种应用模式。比较自顶向下与自底向上的分析，Clark 等认为后者比前者更准确，通过仿真逻辑架构和物理架构，提出一个基于自底向上仿真分析方法建模语言的验证方法。

通过上述分析，文献在解决 BITA 问题的过程中提出了多种与体系结构相关的研究模型，并利用这些模型在一定程度上集成体系结构与 BITA。另外，为了回答“How”问题，文献经常采用的典型的技术列举如下。

（1）问卷调查与文献分析。该技术经常被用来解释体系结构与 BITA 之间的关系。例如，Dahalin 等采用问卷调查的方法，分析体系结构项目在马来西亚的开展情况，发现 BITA 是解决业务问题中最重要的因素；通过对美国医院案例的研究，Bradley 等验证了体系结构成熟度在实现战略目标方面的能力。

（2）业务流程管理（Business Process Management, BPM）。该技术可以用来设计业务架构和业务解决方案模型，并实施不断的更新。Maltaa 和 Sousab 高度强调了 BPM 的优势以及实现与维持 BITA 的途径。IBM 认为 BPM 方法是实现 BITA 的催化剂。

（3）面向服务的体系结构（SOA）。SOA 的优势主要来自它的开放性与松耦合性。Haki 认为对 SOA 的治理可以为 BITA 的实现与管理提供机会。Abdi 认为集成 BITA 与 SOA 的组织可以快速满足变更需求、实现敏捷性。当前 SOA 是实现 BITA 的一个重要手段。

（4）元模型。元模型是指对不同体系结构组成内容的抽象描述。Hinkelmann 集成了业务模型与 Archimate 的元模型。Kurniawan 综合考虑了 BITA 与 TOGAF 的元模型。元模型技术直观表达了不同体系结构内容在实现业务与 IT 一致性上的关联表述。

（5）需求工程（Requirement Engineering）。一些文献采用需求工程的思想综合考虑 BITA 与体系结构。例如，Engelsman 等认为体系结构是协调业务与技术需求的有效方法；Salgado 等认为需求工程在实现 BITA 过程中扮演了一个重要的角色，它明确了怎样采用体系结构来实现 BITA。

（6）本体。本体蕴含了对实体概念以及概念之间关系的定义。研究文献提供了多种体系结构本体来实现 BITA。对体系结构本体的开发有助于对涉及不同利益相关者的概念和模型进行理解。

总之，本节主要讨论采用体系结构方法处理 BITA 问题过程中使用的研究模型与技术。上述方法为实现和管理 BITA 奠定了基础。

2.4 小结

纵向比较以上 6 个问题的分析结果，可以发现其中存在矛盾的情况。首先，虽然表 2.5 展示了多种研究动机与挑战，但图 2.10 并没有显示一个清晰增长的研究趋势；其次，虽然处理动态的变化是最重要的研究点，但文献中关于怎样采用体系结构维持 BITA 的研究数目是相对较少的；再次，虽然在研究挑战中认为如何结合 BITA 与体系结构仍然是不清晰的，但解释 BITA 与体系结构关系的文献数目却是较多的。此外，目前文献存在几个普遍的局限性。例如，采用体系结构理论解决 BITA 问题时缺乏一个统一的概念内涵；完整的 BITA 治理机制没有被充分地挖掘；在 BITA 度量过程中缺乏一个完整的体系结构数据搜集方法等。基于上述结论、矛盾点以及局限性的分析可以得出结论，面向体系结构的 BITA 研究还未得到充分发展，距离方法的一致性与互理解还需要很长时间的沉淀。

通过综合分析基于体系结构的 BITA 研究成果（157 篇文献），并且与上述 BITA 研究问题进行比较，发现当前相关研究存在以下典型问题：①研究学者关注采用体系结构方法解决结构维度（业务结构与信息技术结构）的 BITA 问题，而对于人因维度（业务人员与信息技术人员）适配的描述与实现能力不足，而人因维度正是 BITA 复杂性问题的主要根源；②当前体系结构研究倾向于通过自顶向下的体系规划来匹配业务与 IT 要素，缺少对体系运行过程中个体行为不确定性的描述与引导，BITA 演化治理能力不足；③当前方法重点考虑基于体系结构的 BITA 实现框架，但如何根据体系结构框架以及设计数据评估 BITA 成熟度仍不明确。

针对上述问题，本书主要采用基于体系结构的方法，在当前研究的基础上，考虑度量、实现、演化等方面的问题，提出可能的解决途径，为复杂信息系统业务与技术适配提供技术手段。

第 3 章 采用体系结构方法度量 BITA

03

第 2 章着重分析了采用体系结构方法研究 BITA 问题的不足，本章结合其中存在的第二个研究问题，即如何持续度量复杂信息系统 BITA 状态（有些地方称成熟度），开展分析研究。通过问题的提取、解决方案的提出以及案例的实现，明确采用体系结构方法搜集 BITA 度量数据并进行适配度量的过程与方法。

3.1 引言

根据前述章节的介绍，BITA 问题旨在整合组织内部的业务流程、组织结构、IT 系统等内容，达到相互间的协调一致，优化 IT 投资与提高组织效能。度量 BITA 水平可以确定组织的 BITA 成熟度，有利于 BITA 的治理与提高。根据第 2 章的结论，当前 BITA 的度量研究在数据搜集方面是不充分的，用来度量 BITA 的组织内容在文献中是不透明的。研究学者倾向于采用问卷调查的方法来搜集数据，而不是关注于组织内容本身。

通过结构化描述组织中的业务与 IT 内容，体系结构方法在度量 BITA 时具有优势。例如，Hinkelmann 采用 Zachman 框架度量战略适配模型；Ori 映射不适配症状与 TOGAF 元模型之间的关系，利用元模型进行 BITA 度量。一般来说，基于体系结构对元模型和描述模型的构建，以自组织的手段开发业务与 IT 内容，这些内容可以作为度量 BITA 的依据。

当前，采用体系结构方法进行 BITA 度量的研究还比较少。表 3.1 分析了 14 篇具有代表性的文献，其中一些研究仅指出可以采用体系结构视图和模型来度量 BITA，这些文献倾向于引入简单的矩阵和图表映射方法来进行度量，并且在数据搜集方面常采用问卷调查或者基于经验的方法，使度量结果相对主观。总之，当前文献缺乏一个系统化的数据搜集方法，同时很难展现出一个整体的度量流程。

表 3.1 基于体系结构的 BITA 度量文献分析

来 源	描 述	度量方法
Pereira（2004）	提出与 BITA 度量相关的一系列指标	问卷调查
Sousa（2004）	解释 BITA 如何被划分为不同的种类	经验分析
Plazaola（2006，2007，2008）	关联 BITA 模型与 Zachman 框架的元模型	元模型
Tapia（2007）	根据组织之间的协同关系开发面向价值的 BITA 成熟度模型	模型开发 问卷调查
Carvalho（2008）	采用医药科学的方法理解、分类、与管理不适配特征	经验分析
Kang （2010）	从战略、业务流程、资源的角度开发 BITA 模型	元模型
Elhari （2011）	引入度量 SAM 的体系结构平台	问卷调查
Wagter（2011）	从不同层面度量组织的一致性	模型开发 问卷调查
Clark（2013）	引入体系结构仿真方法来验证逻辑体系结构与物理体系结构之间的关联	元模型
Őri（2014）	结合不适配分析与体系结构模型，设计基于体系结构的不适配分析方法	元模型
Vasconcelos（2015）	提出度量信息系统架构质量的 16 个准则，指出 BITA 是关键的度量指标	模型开发

为解决当前的研究局限，本章主要考虑 BITA 成熟度框架与体系结构框架（DoDAF 2.0）的结合，讨论 BITA 度量指标与 DoDAF2.0 元模型和模型的对应关系，进而搜集度量 BITA 的数据。

（1）由于 Luftman 提出的成熟度模型包含交流、价值度量、治理、合作关系、IT 架构、技能等多个方面，这些内容广泛存在于复杂信息系统，对复杂信息系统这些内容的衡量有助于把握整体的复杂信息系统适配成熟度。

（2）DoDAF2.0 是美国防部 2009 年提出的体系结构框架指南，主要包括体系结构数据元模型、体系结构描述模型、体系结构存储规范、开发过程等内容。较之以往的版本，DoDAF2.0 更加关注面向服务的思想。该框架成功地被其他国家和组织广泛采用。因此，运用该框架来度量 BITA 成熟度模型可以为复杂信息系统的 BITA 度量提供支撑。

（3）其他国际上著名的体系结构框架，如英国国防部体系结构框架以及北约体系结构框架，均是从美国国防部体系结构框架发展而来的。本章对 DoDAF2.0 的分析有助于为其他军事体系结构框架提供支撑，有利于复杂信息系统的分析、度量、评估等。

3.2 研究对象

基于以上阐述，本章的研究对象主要为 BITA 成熟度模型和 DoDAF 体系结构框架，并考虑如何采用 DoDAF 框架度量 BITA 成熟度。

3.2.1 BITA 成熟度模型

关于 BITA 度量的研究始于 Henderson 与 Venkatraman 在 1993 年提出的 SAM，之后开始产生了多种 BITA 的度量模型。例如，Trienekens 提出了一个包含 5 个影响因素的详细度量框架；Gerow 集成了 6 类适配，采用问卷调查的方式进行度量；Hu 和 Huang 通过引入一个平衡打分法来度量 BITA。

Luftman 等开展了关于 BITA 成熟度度量的多项研究，并广泛运用于其他研究领域。他提出的 SAMM 模型在第一章进行了详细介绍，这里不再赘述。根据文献，在实践中运用 SAMM 模型并进行数据搜集是比较困难的。相关研究常采用基于经验的方法，容易产生不充分或者主观的分析结果。由于体系结构在规划与描述复杂信息方面的优势，本书认为体系结构的开发有助于实现有效的度量流程。

3.2.2 DoDAF2.0

体系结构是对系统以及系统组件的描述，以及控制系统设计与演化的指南。由于体系的复杂性，体系结构框架常被用来设计复杂的体系内容。体系结构框架形式化描述多个视点与模型，并且抽象体系结构设计任务，形成体系结构描述文档。目前，世界上存在多种体系结构框架，如 Zachman 框架、TOGAF、DoDAF 以及 MoDAF 等。

本章拟采用广泛应用的 DoDAF2.0 进行分析，该框架包含了 8 个视角以及每个视点内部数量不等的描述模型，其中：能力视角（Capability Viewpoint, CV）解释了一个组织的能力需求；作战视角（Operational Viewpoint, OV）描述了组织的业务活动与流程；服务视角（Service Viewpoint, SvcV）明确了信息系统服务以及相互的关系；系统视角（System Viewpoint, SV）提出了系统应用以及应用之间的相互关系；标准视角（Standard Viewpoint, StdV）主要指组织内部的政策、标准、指南以及约束关系；数据与信息视角（Data and Information Viewpoint, DIV）列举了架构内容的数据关系与结构；项目视角（Project Viewpoint, PV）解释了不同的项目以及它们对能力的支撑；全视角（All Viewpoint, AV）描述了与其他视角相关的整体的架构内容。另外，每一个视角都包含了对应的描述模型（如 OV 中包含的组织结构模型 OV4）。为了维持不同模型中架构内容的一致性，DoDAF2.0 规范了顶层的数据元模型（DM2），抽象化地描述以上所有视点和对应模型的关系，如图 3.1 所示。详细的 DM2 可参考 DoDAF2.0 规范。

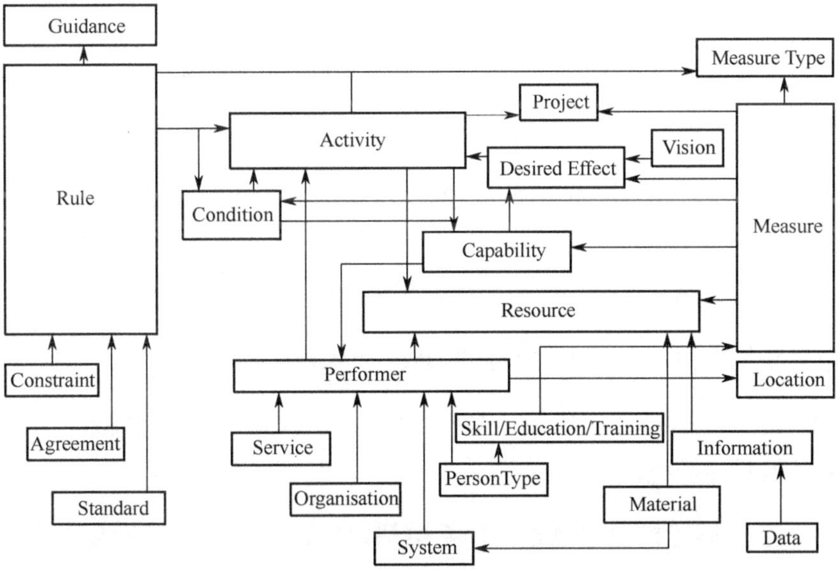

图 3.1 DM2 中包含的关键实体与关系

3.3 面向 DoDAF2.0 的 BITA 度量思路

本节旨在阐述 BITA 度量模型与体系结构框架之间的关联关系。体系结构模型中的数据（图 3.1）可以被用来评价 BITA 度量模型中的指标，图 3.2 概括描述了它们之间的关系。

如图 3.2 所示，所有的体系结构内容是由一套描述模型组成的。以组织结构模型（OV4）为例，分析体系结构与 BITA 度量之间的关联关系可以发现，如果首席信息官（Chief Information Officer，CIO）存在于业务架构中并且拥有一个交互变量（假设为“Enable Business Strategy”），则可以认为业务角色与 IT 角色之间建立了良好的交流基础，该内容可以为 BITA 度量提供支撑。BITA 的成熟度模型也显示在图 3.2 中，包含了需要被填充为度量值的 38 个指标，分析发现指标 C1（“Understanding of Business by IT”）可以被上述 OV4 中的内容所支撑。与 Luftman 提出的 5 个成熟度层级相一致，由于“Enable Business Strategy”存在于 CIO 实体中，可以假设 C1 的成熟度为 level 4。通过该例可知，存在于一个体系结构模型中的数据可以直接反映为 BITA 成熟度指标的度量结果，另外一些 BITA 成熟度指标需要被多个体系结构模型所支撑。总之，体系结构与 BITA 成熟度模型之间的关联关系被确定为如下需求：BITA 成熟度模型指标的成熟度水平可以由一个或多个体系结构描述模型的数据分析得到。

根据体系结构内容度量 BITA 成熟度，首先需要探索 DM2 与每个 BITA 子指标之间的关系，确定对应的体系结构模型，然后通过体系结构模型的数据得到每个指标的成熟度水平。详细的结合流程可以分为以下 4 个步骤。

（1）识别支撑每个 BITA 指标的 DM2 实体和关系；

（2）对于每个 BITA 指标，根据步骤（1）得到的实体和关系，确定对应的体系结构描述模型；

（3）基于描述模型中包含的体系结构内容，引入合适的度量方法来评价 BITA 指标；

（4）根据所有的 BITA 指标的结果，度量整体的 BITA 成熟度。

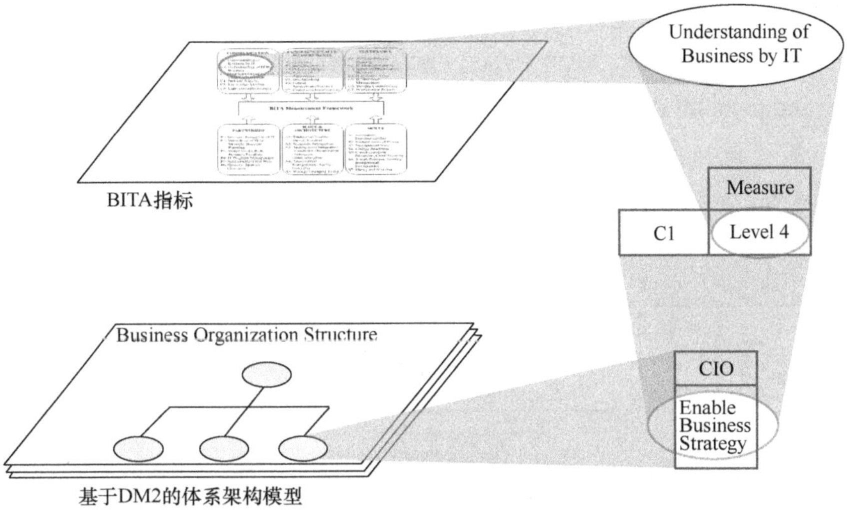

图 3.2　体系结构模型与 BITA 指标之间关联关系

3.4　面向 DoDAF2.0 的 BITA 度量步骤

3.4.1　识别 DM2 与 BITA 指标之间的关联

本步骤关注于在度量每个 BITA 指标的过程中如何识别 DM2 中的实体和关系，为了简单起见，本节同时讨论同一个 BITA 准则下的多个指标。

1）通信（Communication）

通信准则包括 6 个指标，主要指：C1 和 C2 是指业务与 IT 角色的相互理解，它们可以通过判断业务或者 IT 角色是否参与对方的组织结构或者流程来确定；C3 是指组织角色的教育背景，可以通过搜集工作人员的训练背景来确定；C4 是指相关协议的固定性，可以通过分析业务或者 IT 流程的实施条件得到；C5 是检查业务和 IT 角色的知识分享行为，可以通过检查组织中是否存在知识分享流程来确定；C6 是指业务和 IT 之间的联络有效性，可以通过检查组织中是否存在联络角色而得到。

为支撑上述内容，DM2 中的相关实体和关系被选择和部署在图 3.3 中。根据 DM2，组织结构包含 Organization Type，Person Type，以及 Individual Performer，其中 Person Type 包含 Education 变量。在图 3.3 中，Activity 实体基于 Conditions 和 Rules 被执行，业务流程是由 Performers 和业务 Activities 组成，IT 流程是由 Performers 和 IT Activities 组成。所有以上的实体和关系可以合并来支撑 Communication 准则。

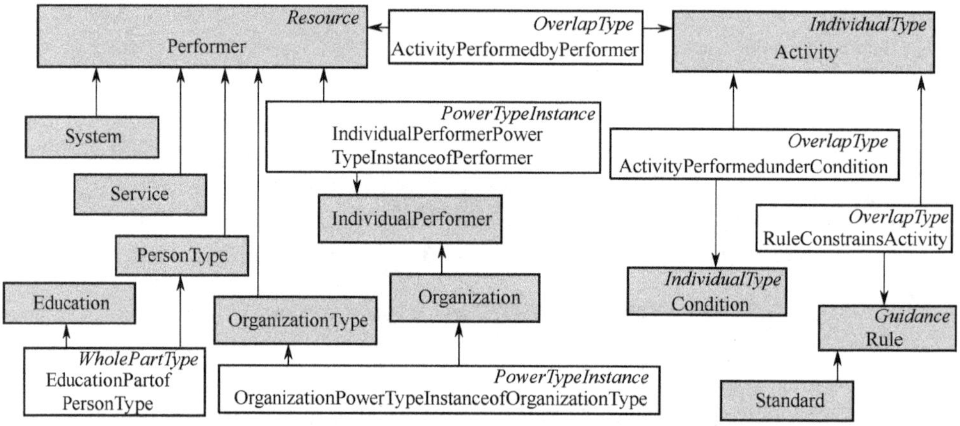

图 3.3　与 Communication 准则适配的部分数据元模型

2）价值度量（Competence/Value Measurement）

该准则包含 7 个指标，其中：V1、V2 以及 V3 表示业务和 IT 指标的度量，可以通过组织中不同的度量类型得到；V4 指服务水平协议，可以由服务结构和服务度量来支撑；V5 指度量流程的相关标准；V6 的 IT 评估流程可以通过 IT 活动对业务能力的实现得到；V7 表示持续的 IT 度量与提高，该指标可以通过消耗和分配资源，并且为能力引入活动来实现。

与该准则对应的部分 DM2 如图 3.4 所示。基于图 3.4，Measures 和 Measure Types 被引入来支撑 V1、V2 和 V3，Performer 的组成部分 Service 和 Service port 可以与 Service Level Measure 和 Service Level Agreement 结合来分析 V4，Standards 可以支撑 V5 的分析，Activities 与 Performers 结合在利用 Resources 实现 Capabilities 的过程中可以支撑 V6 和 V7 的分析。

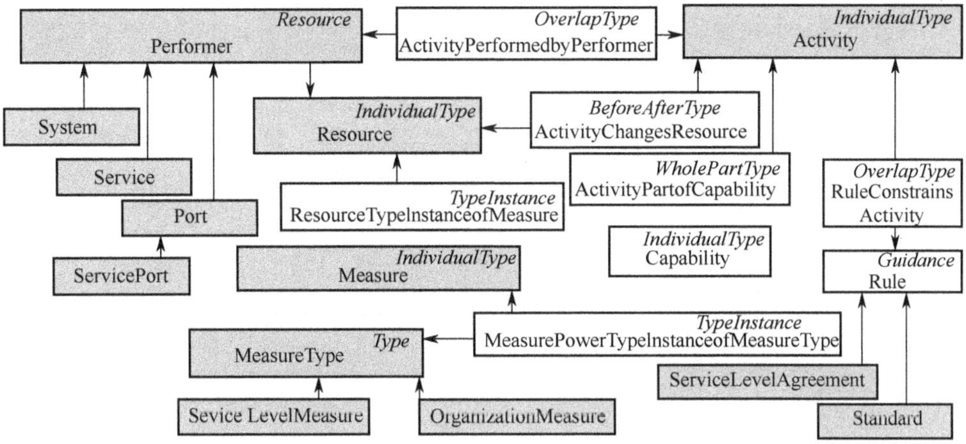

图 3.4　与 Competence/Value Measurement 准则适配的部分数据元模型

3）治理（Governance）

在 Governance 准则中，G1 表示业务战略规划，该指标可以体现在业务流程支撑业务能力的过程中；G2 表示 IT 战略规划，可以通过项目实现 IT 流程来分析；G3 表示合理的组织结构；G4 是指对项目资源进行合理分配；G5 是指基于项目管理的 IT 投资规划；G6 认为需要在组织架构中存在协调角色；G7 是指 IT 治理的优先级流程，该指标可以通过项目的时序关系得到。

对应的 DM2 在图 3.5 中进行展示。其中，Activities 流程实现 Capabilities 的过程可以满足 G1，Activities 流程实现 Projects 的过程可以满足 G2；组织结构仍然由 Organization Type 和 Performer 组成，可以用来支撑 G3 和 G6；Data 和 Information 实体可以表示 G4 中的预算和代价数据；G5 和 G7 可以被 Projects，Desire Effect 和 Measures 实现。基于此，Governance 准则可以由以上实体和实体之间的关系结合分析。

4）合作关系（Partnership）

关于 Partnership 准则，P1 关注于 IT 角色的业务视角，可以通过判断 IT 角色是否参与了业务组织结构来判断；类似地，P2 可以通过判断 IT 是否参与业务规划流程来得到；P3 是指在执行项目过程中业务与 IT 是否共享了目标与风险；P4 表示项目管理的水平；P5 是指业务与 IT 之间的信任水平，可以通过组织中是否存在相应的标准得到；P6 表示业务域中是否存在支撑角色的对应业务。

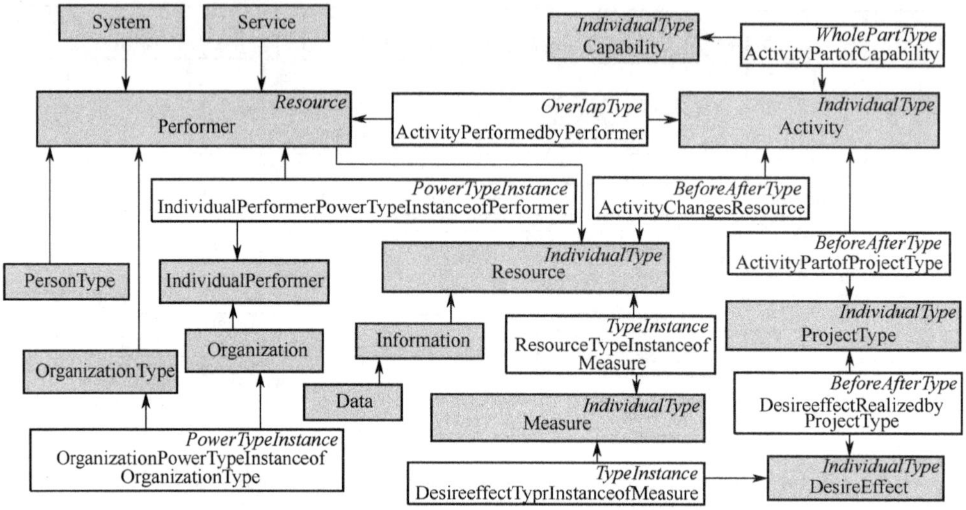

图 3.5　与 Governance 准则适配的部分数据元模型

相关的实体和关系如图 3.6 所示。在图 3.6 中，组织结构可以用来支撑 P1 和 P6；Performer 执行 Activity 并且实现 Capability 的过程可以被用来支撑 P2；Project，Desire Effec 和 Measure 可以被用来支撑 P3 和 P4；Rule 可以被用来度量 P5。

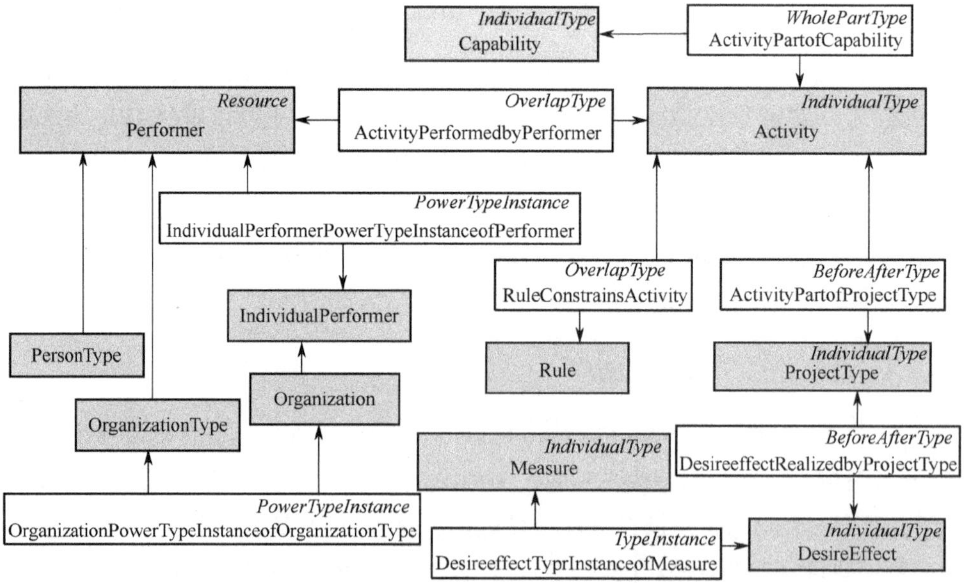

图 3.6　与 Partnership 准则适配的部分数据元模型

5）范围与架构（Scope & Architecture）

该准则关注 IT 架构内容，其中：A1 是指关联 IT 架构的不同角色；A2 是指 IT 架构中存在的标准；A3 是指是否存在架构集成现象，可以通过 IT 架构与组织结构来支撑；A4 的特征也可以被 IT 架构来度量；A5 是指采用具体的标准来管理不断出现的 IT。根据这些内容，DM2 中对应的实体和关系如图 3.7 所示，主要包含组织结构、IT 结构、标准等内容。

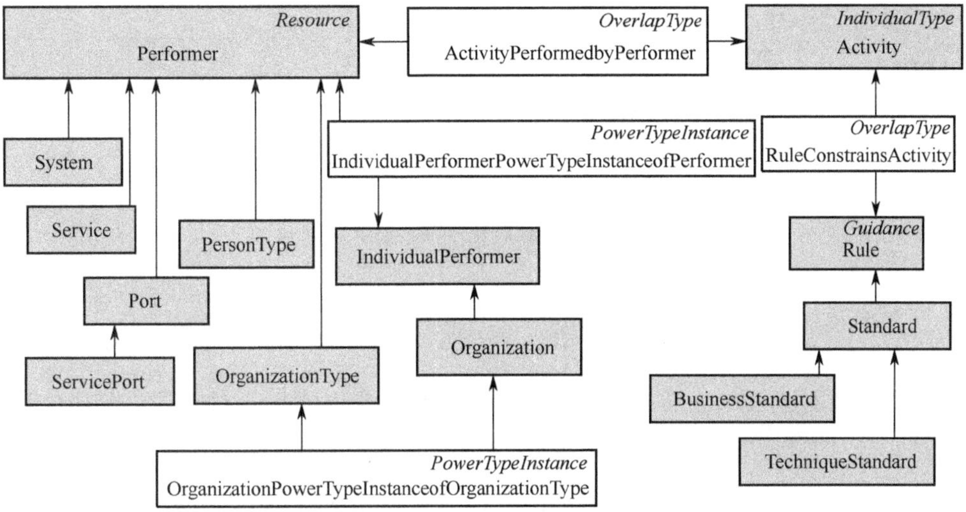

图 3.7　与 Scope & Architecture 准则适配的部分数据元模型

6）技能（Skill）

Skill 准则主要是指组织的标准和文化，其中：S1 主要解释组织文化方面的创新；S2 表达的是权力分配问题，可以由组织结构来表示；S3 表示项目管理中的技能；S4 表示组织变更管理中的技能；S5 表示工作人员训练的标准；S6 表示体系环境；S7 表示对人员雇佣和退休方面的规则。在 DM2 中，Standards，Organizational Structures、Projects 和 Skills 等内容可以被用来支撑以上指标，其实体和关系组成如图 3.8 所示。

总之，通过识别 DM2 中的相关实体和关系，支撑 BITA 成熟度模型的指标，其映射关系的确定可以通过提取对应的体系结构描述模型来实现。

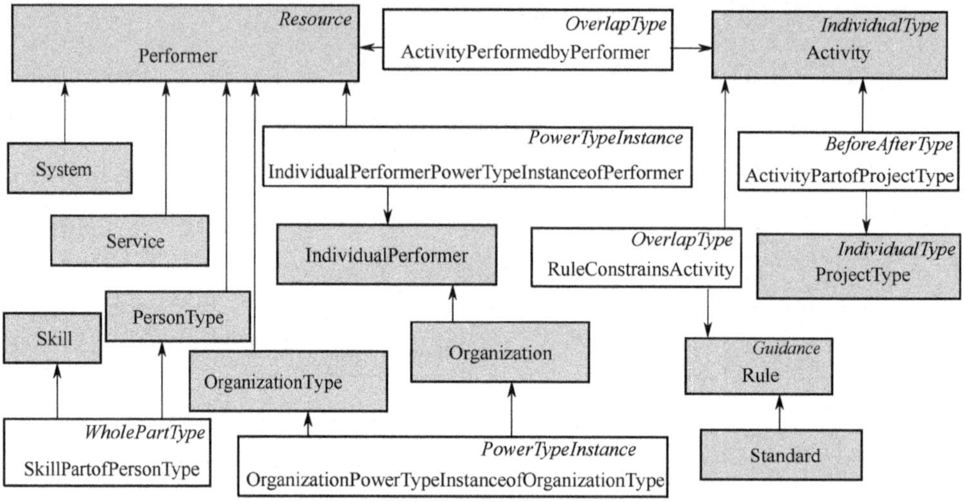

图 3.8　与 Skills 准则适配的部分数据元模型

3.4.2　识别体系结构模型

根据上述对 DM2 实体和关系的提取，可以进一步搜集对应的 DoDAF 2.0 模型。表 3.2 列举了它们之间的映射。

一般来说，一个 BITA 指标可以被一个或多个体系结构模型所支撑。以 Communication 准则为例，C1 可以采用组织关系图 OV-4 和作战活动图 OV-5b 来支撑，这两个模型可以用来检查 IT 角色是否参与了业务组织结构和业务流程；相似地，C2 可以采用组织关系图 OV-4、服务资源流描述 SvcV-2 以及系统资源流描述 SV-2 等产品来分析；C3 被术语字典 AV-2 和标准文件 StdV-1 支撑，这些模型包含了工作人员教育水平的相关内容；C4 的计算可以采用作战规则模型 OV-6a、服务规则模型 SvcV-10a 以及系统规则模型 SV-10a 来支撑，这些模型中包含了所有的规则信息；C5 可以采用作战活动分解树 OV-5a 来描述，用来检查知识共享活动是否存在于组织中；C6 指定的联络角色可以采用组织关系图 OV-4 来检查是否存在。类似地，其他准则的度量指标也可以通过表 3.2 中的体系结构模型来支撑。

表 3.2 与 BITA 度量指标对应的 DoDAF 2.0 描述模型

准则	指标	体系结构模型	解释
Communication	C1	OV-4, OV-5b	检查业务角色与 IT 角色是否共享组织结构，IT 角色是否参与业务流程
	C2	OV-4, SvcV-2, SV-2	检查业务角色与 IT 角色是否共享组织结构，业务角色是否参与 IT 流程
	C3	AV-2, Std-1	检查业务角色与 IT 角色知否接受教育训练
	C4	OV-6a, SvcV-10a, SV-10a	检查业务与 IT 流程的相关协议是否固定
	C5	OV-5a	检查是否存在知识共享流程
	C6	OV-4	检查业务与 IT 之间是否存在联络角色
Competence & Value Measurements	V1	SvcV-7, SV-7	检查是否存在 IT 价值的度量
	V2	CV-2, CV-5	检查是否存在业务价值的度量
	V3	SvcV-7, SV-7	检查是否存在 IT 实现业务价值的度量
	V4	SvcV-1, SvcV-10a	检查是否存在服务结构与流程的协议
	V5	Std-1	检查是否存在与度量相关的标准
	V6	CV-6, OV5b, SvcV-2, SvcV-7, SV-2, SV-7	确定业务流程与 IT 流程是否实现了相关需求
	V7	CV-6, SvcV-5, SV-5a, SV-5b	确定是否提供了调整需求的办法
Governance	G1	OV-2, OV-5b, CV-1, CV-3, CV-6	表述业务战略规划
	G2	SvcV-2, SV-2, PV-1, PV-2, PV-3	表述 IT 战略规划
	G3	OV-4	表述不同人员类型之间的关系
	G4	DIV-2, DIV-3	检查是否存在与预算代价相关的信息
	G5	CV-2, DIV-3, PV-2, PV-3	分析项目执行过程的 IT 投资
	G6	OV-4	检查组织结构的指挥角色
	G7	CV-3, OV-6c, SvcV-10c, SV-10c, PV-2	分析体系结构的时序关系
Partnership	P1	OV-4	检查 IT 是否参与了组织结构
	P2	OV-4, OV-5b, CV-6, CV-1	检查 IT 是否参与了业务规划
	P3	OV-4, PV-1, PV-2, CV3, SvcV-7, SV-7	检查业务与 IT 角色是否共享知识与风险
	P4	PV-1, PV-2, PV-3	分析项目管理活动
	P5	OV-6a, SvcV-10a, SV-10a, Std-1	检查是否存在关于信任的标准规则
	P6	OV-4, CV1	检查是否在组织结构中存在业务赞助者

续表

准　则	指　标	体系结构模型	解　释
Scope & Architecture	A1	SvcV-5, SV-5a, SV-5b	确定IT的使能因素
	A2	Std-1	检查IT标准
	A3	SvcV-2, SV-2, OV4	分析架构关于功能和结构的集成
	A4	SvcV-2, SV2, SvcV-3a, SvcV-3b, SV-3, OV-6b, OV-6c	分析 IT 架构的性能，如透明性、敏捷性、灵活性
	A5	Std-2	检查是否存在管理新技术的标准
Skills	S1	Std-1, OV-6a, SvcV-10a, SV-10a	检查是否存在关于组织创新的标准
	S2	OV-4	分析组织类型
	S3	OV-4, PV-1, PV-2	分析项目执行中的管理类型
	S4	Std-1, Std-2	检查是否存在与变更相关的标准
	S5	AV-2, Std-1	检查是否存在与个人训练和教育相关的标准
	S6	AV-1, AV-2, CV-1, OV-1	检查是否存在组织环境的说明
	S7	OV-4, Std-1	检查是否存在职工退休雇佣等标准

3.4.3　度量 BITA 指标

根据上述提炼的体系结构模型，可以采用不同的度量方法来评价各个指标的 BITA 水平。如图 3.2 所示，C1 的成熟度水平可以直接通过自动化获取 OV-4 模型的数据得到。另外，一些指标不能直接被体系结构内容所度量，需要引入对应的度量技术来集成不同模型中的内容。下面主要介绍 3 种度量技术。

（1）自动化的度量，是指从体系结构设计内容中直接读取数据并且自动化地计算指标的成熟度水平。根据 DoDAF 2.0 的设计规范，架构数据以物理交换规范的形式存储为可扩展标记语言格式。一些 BITA 度量指标所需的架构数据可以被自动化地获取，进而被直接转化为成熟度水平，如图 3.3 中的例子所示。

（2）半自动化的度量，是指通过集成和处理不同种类的体系结构数据来计算指标的成熟度。可以采用计算型方法来集成不同模型的数据，例如，根据 DoDAF 2.0 中的结构化数据，利用网络关联性算法来分析架构灵活性（如 A4 指标）的值。另外，也可以采用仿真方法分析体系结构数据，如架构敏捷性

（如 A4 指标）可以通过统计应对不同变化的反应时间来进行分析。

（3）手动度量方法，是指采用人工的方法进行度量，如问卷调查和基于经验的分析方法。手动度量方法的运用反映了体系结构数据在支撑 BITA 指标方面的不足。例如，组织创新文化指标（S1）不能完全被体系结构标准和准则来支撑，需要采用问卷调查方法来分析。

每个 BITA 指标均可以采用上述方法进行度量。BITA 指标和对应的度量技术如表 3.3 所列，其中自动化的度量方法对应的指标最多，手动度量方法对应的指标最少。由于大量的指标可以直接或者间接地被体系结构内容所支撑，表 3.3 说明了体系结构框架在支撑 BITA 方面的积极作用。

表 3.3 BITA 指标的度量方法

度量技术	指　标
自动化度量	C1, C2, C3, C5, C6, V1, V2, V3, V4, V5, G3, G4, G6, P1, P2, P6, A1, A2, S5, S7
半自动化度量	C4, V6, V7, G1, G2, G5, G7, P3, P4, A3, A4, A5, S2, S3, S4
手动度量	P5, S1, S6

3.4.4 指标综合分析

组织整体的 BITA 成熟度可以通过汇聚每个指标的成熟度以及不同层次之间的权重得到。前面 3 个步骤确定了各个指标成熟度的计算方法。根据文献，权重可以采用定性分析方法（如问卷调查）或者定量分析（如结构等式模型）得到。因此，通过以上 4 个步骤的解释，组织整体的 BITA 成熟度可以通过 DoDAF 2.0 的元模型和模型进行分析评估。

3.5 案例研究

为了论证本章提出的流程，本节引入一个保险业的 ArchiSurance 案例，该案例经常被运用于体系结构领域。Iacob 指出，该案例的主要优势在于反映实际、容量可操纵，并且不会显得太简单。ArchiSurance 是一个虚拟的提供家庭、旅行、汽车保险的公司，主要业务包括与顾客保持关系、处理申诉案件、处理财产问题等。Iacob 等已经采用 Archimate 语言开发了 ArchiSurance 体系结构。为简单起见，本案例主要计算架构敏捷性和灵活性（A4 指标）的成熟度水平，对应的 DoDAF 元模型和描述模型可以从 3.4 节的前两个步骤得到。

3.5.1 开发 DoDAF2.0 模型

根据表 3.2 对 A4 的解释，需要构建相关的业务模型（如状态转移描述 OV-6b、时序描述 OV-6c）以及应用模型（如服务资源流描述 SvcV-2、系统服务关联矩阵 SvcV-3a、服务-服务关联矩阵 SvcV-3b、系统资源流描述 SV-2 以及系统-系统关联矩阵 SV-3）来支撑架构的敏捷性与灵活性。上述的业务模型开发了案例的业务场景，服务和系统模型组成了支撑业务场景的物理架构。

本节采用 IBM Rhapsody 工具建模 ArchiSurance 案例。Rhapsody 工具继承了 DM2 中关于 DoDAF 的实体和关系类型。以 Ov-6b 进行举例说明。每个业务节点内部均包含一个业务状态模型，明确该业务节点执行业务流程的状态和状态转移。Mailroomdeck 的 Ov-6b 如图 3.9 所示，包含了 6 个状态和状态之间的转换关系，状态转移包含了操作函数和判断条件等内容。基于此，完整的业务场景可以由所有的 Ov-6bs 和 Ov-6cs 得到。

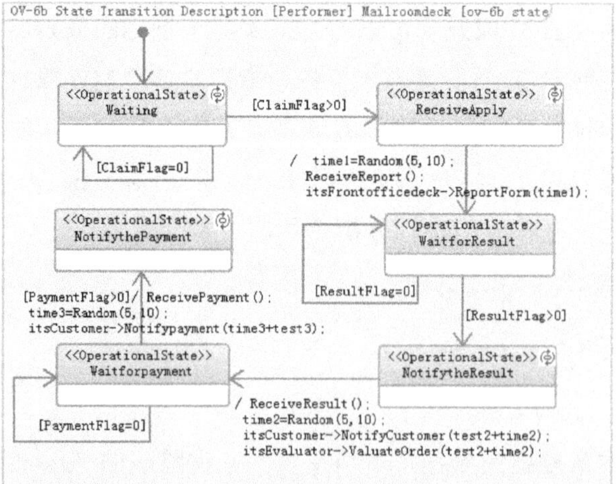

图 3.9　Mailroomdeck 的 OV-6b 模型

3.5.2 计算 BITA 指标的成熟度

根据以上模型包含的体系结构数据，本节旨在计算体系结构敏捷性和灵活性的成熟度水平。

体系结构敏捷性是指公司从接到顾客申报案件到案件处理完毕的平均反应时间。采用仿真的方法执行整体的业务流程，以获得试验运行的处理时间。首先需要确定输入的数据，在本案例中，假设公司收到假案件的概率为 10%，收到真实案件的概率为 90%，同时假设所有信息处理事件的处理时间服从正态分布 U（5, 20），这些事件包括接受申报案件、注册案件、案件结果决策、通知顾客等。另外，评估和赔偿相关事件的处理时间也服从正态分布 U（30, 60），单位是 min。

所有的 OV-6b 和 OV-6c 采用以上模型中的随机数据进行仿真，每次仿真可以得到整体流程的反应时间。执行 100 次仿真的运行时间分布如图 3.10 所示。在图 3.10 中，大部分案件收到了赔付，只有极少数案件作为假的被拒绝，100 次仿真的平均反应时间是 136.07min，这个值可以用来确定 ArchiSurance 公司的敏捷性成熟度水平，定位于 Level1～Level5。

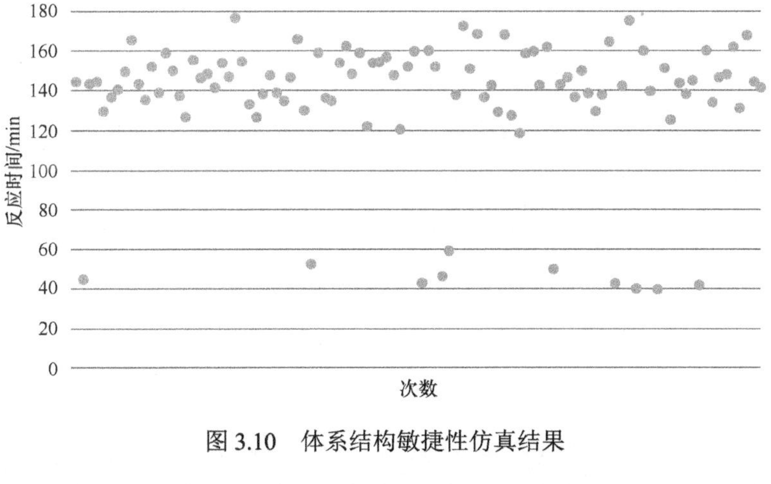

图 3.10　体系结构敏捷性仿真结果

另外，架构灵活性是指对整体应用结构的修改能力。在本节中，图形密度可以被用来分析网络结构的连接程度。对于 OV-2 来说，图形密度越高，意味着架构灵活性越好。根据图形密度算法，图 OV-2 的图形密度为 0.115，表现出比较低的关系连接程度，这个结果同样可以用来转变为 ArchiSurance 公司的灵活性成熟度水平。

根据以上的解释，架构敏捷性和灵活性的成熟度水平分别通过仿真和图密度算法计算得到。同理，其他 BITA 指标的值也可以采用不同的度量技术得到，因此所有的值均可以转换为整体组织的 BITA 成熟度。

3.6 小结

为缓解采用体系结构方法度量 BITA 的不充分性，本章主要关联 BITA 成熟度模型与 DoDAF 2.0 元模型和模型，度量流程包含 4 个具体步骤。本章详细解释了每一步骤，并且采用一个说明性的案例验证了该流程。与之前的文献相比，本章具有以下贡献：①根据当前体系结构与 BITA 度量相结合的缺陷，本章从体系结构框架的角度出发，提出了一个体系结构框架与 BITA 度量模型相结合的尝试，并且详细地进行了论述；②鉴于当前 BITA 度量数据难以获得的情况，本章主要关注于从体系结构模型中进行数据搜集与集成，并证明了体系结构对 BITA 的支撑作用。

总之，本章提出的方法直接运用于复杂信息系统的 BITA 成熟度的度量过程，不仅可以帮助从复杂信息系统设计规范中搜集需要的度量数据，对复杂信息系统整体的 BITA 状态进行评估，而且可以根据评估结果找出当前的薄弱环节，进一步对 BITA 进行治理。

第 4 章 采用体系结构方法实现 BITA

04

根据前面的阐述，体系结构的设计结果可以有效支撑 BITA 的实现。根据 Luftman 提出的 6 个成熟度准则，并分析面向体系结构的 BITA 实现的相关研究，发现有关 IT 治理准则的研究不够充分。IT 治理是指通过为业务和 IT 参与者提供资源分配与优先级划分等措施，以实现良好的 BITA 程度。文献常采用描述性的方法阐述 IT 治理准则，但是缺乏具体的治理措施。

为更好地采用体系结构方法实现 BITA，本章主要从 IT 资源分配的角度分析体系结构，考虑在设计过程中为系统合理分配 IT 资源，以一个低耗高效的途径实现业务需求；同时，针对动态的业务需求与 IT 变化，引入动态资源分配机制，达到优化体系结构设计结果的目的。本章主要分析体系结构的业务功能与应用之间的资源分配问题。

4.1 引言

根据多视图的思想，体系结构一般通过设计不同视角的描述模型来适配业务和 IT 内容。研究学者认为体系结构设计结果可以有效支撑 BITA 的各个方面。为分析当前的研究，本节选择典型文献，并与 Luftman 提出的成熟度准则进行比较，映射关系如表 4.1 所列。

表 4.1　对比分析体系结构研究与 BITA 成熟度准则

来源	Luftman 提出的 6 个 BITA 成熟度准则					
	通信（Communication）	价值度量（Competence/Value Measurements）	治理（Governance）	合作关系（Partnership）	范围和架构（Scope & Architecture）	技能（Skill）
Buchanan（2002）	○			○	●	○
Zarvic（2006）	●				○	
Wegmann（2005, 2007）	○	●		●	○	
Plazaola（2007）	○	○	○	○	○	○
Chen（2008）	○	●			●	○
Wang（2008）	○	○	○		○	
Saat（2010）	○	●	○	○	○	○
Fritscher（2011）	○	○		○	●	○
Iacob（2012, 2014）	○	●	●	○	●	○
Hiukelmann（2014）	●			○	●	○
Hinkelmann（2016）	●	○		○	●	
Malta（2016）	○	○	○	○	○	
Őri（2014, 2017）	○	○	○	○	●	○

	研究中未包含
○	研究中没有详细解释
●	研究中进行了详细解释

表 4.1 着重分析了各篇文献探讨 BITA 的关注点，可以看出，IT 治理准则方面获得了最少的研究。考虑关注 IT 治理的 6 篇文献，其中：Plazaola 主要讨论了如何搜集体系结构数据，进而从以上 6 个方面度量 BITA 的成熟度；Wang 提出了一个面向适配的 TOGAF 开发流程，包括体系结构的设计与实现治理等；Saat 考虑 IT 系统、业务、IT 治理的质量属性，提出了一个基于场景的元模型方法；Malta 与 Sousa 指出 BITA 应该以一个有效且可持续的方式来实现；Ori 认为 IT 治理是 BITA 度量的一个重要组成部分，并且把 IT 治理映射到体系结构的元模型中。以上 5 篇文献均从描述的角度解释 IT 治理。另外，通过扩展 Archimate 元模型表达战略和价值等相关概念，Iacob 引入二元整数线性规划模型来最小化系统维护与实现代价，从资源分配角度对 IT 进行了治理。不充分的是，上述研究均没有指出如何把资源分配运用于体系结构的设计与演化流程。本章关注于结合资源分配与体系结构的开发，有助于得到关于 BITA 实现的更深层次的理解，并且使 BITA 与体系结构的结合更容易实践。

资源分配是 IT 治理的关键部分。Luftman 认为 IT 治理主要包括战略规划、预算控制、IT 资源分配等内容，并且指出 IT 资源分配是 BITA 最重要的使能因素。本章主要讨论 IT 资源分配问题，从 IT 治理的角度构建体系结构与 BITA 实现之间的桥梁。资源分配问题广泛存在于组织中，主要用来解决冗余的项目及有限的投资之间的矛盾。研究学者提出了多种资源分配方法，如财产资源优化、项目选择、创新组合管理以及组合决策分析（Portfolio Decision Analysis, PDA）等。

PDA 方法是指基于一系列理论、方法、和实践指南，采用数学建模方法，考虑约束、偏好、不确定性等条件，帮助决策者从离散的候选方案中选择费效比最好的方案集合。虽然资源分配问题是一个较早的研究问题，但是由于考虑不确定信息，阿尔托大学的系统分析实验室开展了大量关于 PDA 的研究。Salo 和他的同事撰写了一本著作，详细解释了 PDA 的定义、来源、质量框架以及相关技术；为了应对不完整的数据信息，Liesio 提出了稳健组合建模方法以及基于场景的组合选择方法；为了验证 PDA 方法的有效性，Salo 和 Liesio 把 PDA 应用于研究项目中；Kangaspunta, Salo 以及 Liesio 采用 PDA 方法对武器系统组合进行分析。总之，PDA 方法的成熟度和可用性已经在文献中得到了充分的验证。

比较 PDA 方法与本章的研究动机可以认为，业务需求是 PDA 方法的决策目标，IT 内容是 PDA 方法离散的选择方案。考虑 IT 内容的约束、预算以及代价等数据信息，PDA 方法可以被用来计算满足业务需求的 IT 组合。

在复杂信息系统体系结构设计过程中，往往依靠体系结构框架的描述规范进行开发，以此明确体系结构描述模型以及描述模型之间的关系。目前，体系结构框架在确定这些映射关系时采用表格或者矩阵的形式，内容填充多依赖于人的主观判断，势必导致结果偏离客观。因此，在体系结构设计阶段缺乏从定量的角度考虑元素之间的映射与分配问题，而资源的分配是一个有益的尝试。

因此，在复杂信息系统体系结构中考虑资源的分配问题，既可以有效地缓解 BITA 问题，也可以加强体系结构视图之间的关系，合理地进行体系结构模型的开发。另外，对资源分配问题的处理也涉及对遗留系统的考虑、对体系结构开发过程中不确定数据的分析，以及对体系结构转型过程中动态变化的反应，这些都对复杂信息系统体系结构的研究以及 BITA 的研究有积极作用。

4.2 问题提出

体系结构框架是规范化描述复杂组织的有效手段，一般包括业务架构层（节点、业务流程、业务功能等）、信息系统架构层（应用、服务、数据结构等）以及技术架构层（软件、硬件、网络等）等。要实现不同层次之间的适配，将涉及不同的体系结构设计方法。图 4.1 描述了 TOGAF 框架的开发流程，主要包括体系结构设计阶段、转型规划阶段以及实现治理阶段，其中体系结构设计阶段主要包括业务架构、信息系统架构以及技术架构的开发。该阶段涉及多种适配类型，如业务流程与功能之间的适配、业务功能与应用之间的适配、业务服务与应用功能之间的适配等。

不失一般性，本章主要分析业务功能与应用之间的适配，反映业务架构与信息系统架构之间的映射（如图 4.1 阶段 B 与阶段 C 之间），其中业务功能反映业务单元完成使命任务的能力，应用支撑业务行为的具体实现。从 IT 资源分配的角度出发，该适配问题是指基于有限的 IT 资源，选择高效的应用组合来实现业务功能。

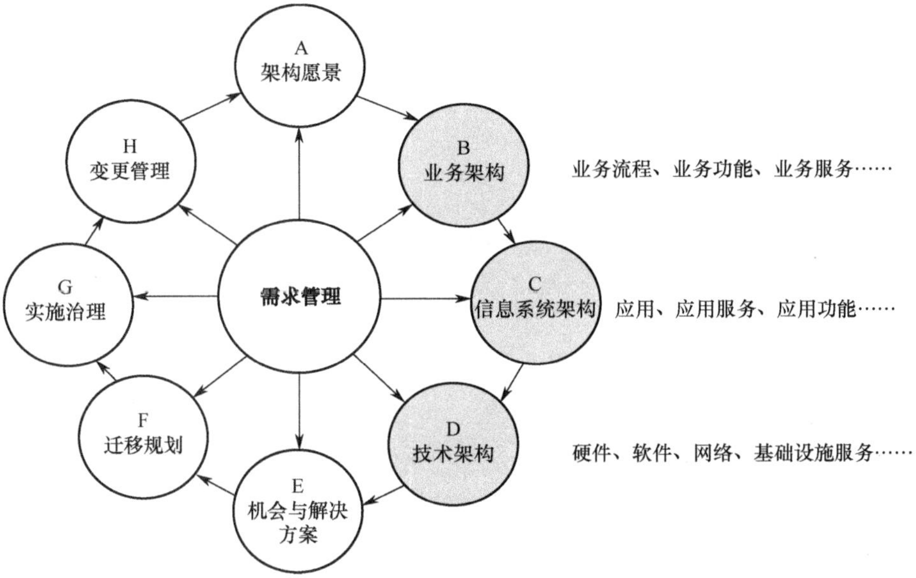

图 4.1　TOGAF 开发过程

根据文献，由于以往项目中存在遗留应用，信息系统架构层包含的应用往往是冗余的。为了从资源分配的角度适配业务功能与应用，本节需要讨论以下问题：①怎样在体系结构设计过程中搜集业务功能与应用；②怎样在业务功能与应用之间构建适配模型；③怎样获得满足费效比的最优应用组合。因此，本节可以把业务功能作为决策目标，把应用集合作为离散的选择，基于 PDA 方法对体系结构进行设计。

4.3　面向资源分配的体系结构 BITA 设计

本节提出了结合 PDA 方法与体系结构设计过程的综合分析框架（图 4.2），主要包括：分析体系结构框架的动机与优势；基于 PDA 方法的体系结构设计流程。

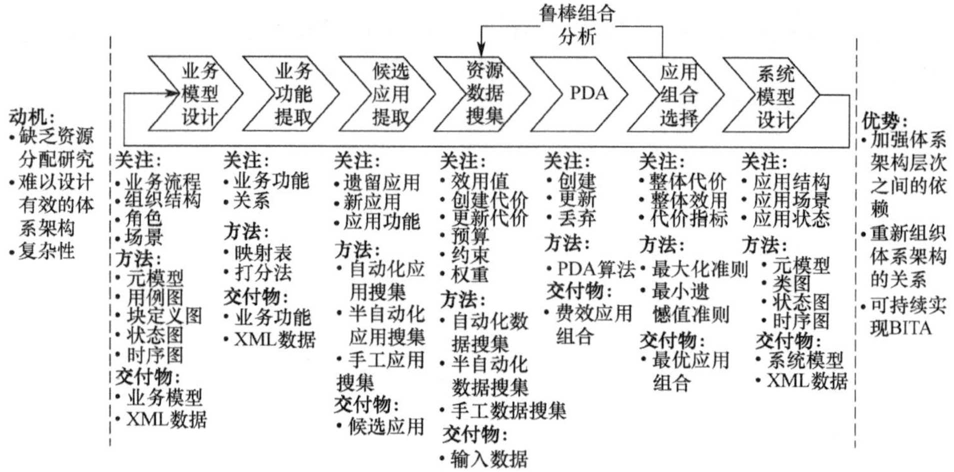

图 4.2　基于 PDA 方法的体系结构设计框架

考虑体系结构框架提出的动机，在体系结构设计过程中考虑资源分配问题主要是由于当前研究缺乏对 IT 治理的合理控制，因此也导致难以设计出有效的体系结构。尽管体系结构在组织规划方面拥有巨大的优势，但在资源分配方面倾向于主观决策。另外，业务环境和应用场景的复杂性也增加了 IT 治理的难度，不仅节点之间的关系变得复杂，不断增加的新应用以及需要更新的遗留应用也增加了研究的复杂性。

因此，综合考虑 PDA 与体系结构设计过程可以有效缓解上述问题。在体系结构设计过程中引入 PDA 方法，可以增加视角之间的依赖关系，重新组织架构元素，便于可持续地实现 BITA。

基于以上考虑，本节提出面向 PDA 的体系结构设计过程，主要包含以下步骤：业务模型设计、业务功能提取、候选应用提取、资源数据搜集、PDA、应用组合选择以及系统模型设计。系统模型的设计结果可以进一步为业务模型的优化提供参考。本节从各个步骤的关注点、方法技术以及交付产品 3 个方面详细解释。

4.3.1　业务模型设计

业务模型设计主要根据组织的战略需求、使命及目标，详细设计业务架构包含的诸多业务模型，例如：TOGAF 框架包括的业务功能、业务服务、业务流程、业务角色等；DoDAF 框架包含的业务节点、业务活动、组织结构、时序场景等。上述业务模型可以采用多种方法技术进行建模，如用例图、块定义图、状态图、时序图等。根据体系结构框架指南，这些模型的构建会输出详细的业务模型和 XML 数据文件，进而为获取完整的业务功能提供支撑。

4.3.2　业务功能提取

本步骤关注从上述业务模型中提取对应的业务功能，属性可以表达为业务功能的名字、支撑的业务活动以及业务功能之间的关联关系。体系结构框架（如 TOGAF、DoDAF 等）描述方法倾向于采用矩阵或者表格的形式映射业务功能与其他业务模型。同时，可以采用打分法确定不同业务功能的权重，为之后应用的选择提供支撑。

4.3.3　候选应用提取

本步骤用于确定支撑业务功能的应用集合。本小节在体系结构设计过程中考虑两种类型的应用：①遗留应用（Legacy Applications，LA）是指从之前类似的项目中提取的应用，可以对这些应用进行更新来支撑业务功能；②新应用（New Applications，NA）是指为支撑业务功能，通过 IT 部门的投资或者外包而引入的应用。上述两种类型的应用可以支撑相同的或者不同的业务功能。

本步骤可以划分为 3 个子步骤：搜集支撑业务功能的遗留应用；考虑组织可以引入的新应用；确定应用的属性，如名称、执行者、性能、支撑的业务功能等。可以采用 3 种方法来搜集上述内容：①自动化搜集方法，是通过对源代码或者数据库的读取得到相关的应用及其数据；②手动搜集方法，是指通过问卷调查的方式来搜集应用；③半自动化搜集方法，是指同时考虑上述两种技术，获得应用及相关数据的方法。

4.3.4　数据搜集

根据前述得到的业务功能和应用列表，本步骤进一步明确面向资源分配的相关数据，主要包含：更新遗留应用消耗的代价 $c(\mathrm{LA})$；创建新应用消耗的代价 $c(\mathrm{NA})$；遗留应用或者新应用支撑业务功能的效用值 $V(x)$；业务功能的权重 ω；预算的限制 cost；选择某个应用组合的协同代价折扣，如同时选择某两个应用时会降低多少总消耗 $\mathrm{syn}(x,y)$ 等。上述数据也可以采取 3 种方法技术进行搜集：①自动化数据搜集，是指通过对数据库的自动读取来搜集相关数据；②手工数据搜集，是指通过专家打分、问卷调查等方法获得一些难以量化的数据，如业务功能的权重值；③半自动化数据搜集，可以结合上述两种技术，或者采用计算公式、仿真等手段分析得到数据。

4.3.5 PDA

研究学者认为可以采取几种策略来考虑系统应用，例如：“创建”策略是指为满足业务功能而投资新应用；“更新”策略是指为支撑业务功能而强化遗留应用；“废除”策略是指移除对业务功能没有支撑能力的应用。PDA 方法的引入有助于确定每个应用的选择策略，即

$$\begin{cases}\max\sum_{i=1}^{n}\omega_i V_i(x)\\ \mathrm{eg}\sum_{j=1}^{m}c(\mathrm{LA}_j)x_j+\sum_{k=1}^{h}c(\mathrm{NA}_k)x_k-\sum_{p=1,q=1,p\neq q}^{m+h}\mathrm{syn}(A_p,A_q)\leqslant \mathrm{Cost},\ x_j,x_k=1,0\\ x_{\mathrm{LA}_p}+x_{\mathrm{NA}_q}\leqslant 1,\ \exists \mathrm{LA}_p,\mathrm{NA}_q \mathrm{meet} F_i,p=\{1,\cdots,m\},q=\{1,\cdots,h\},\ i=\{1,\cdots,n\}\\ V_i(x)>0,i=\{1,\cdots,n\}\end{cases}\tag{4-1}$$

式中：m 为 LA 的数目；h 为 NA 的数目；F 为功能；n 为功能的数目；x_i 为第 i 个应用是否被选择；meet 为应用可以支撑对应的功能。

根据 PDA 方法的研究成果，可以选择合适的 PDA 算法来实现公式，同时可以采用 PDA 方法来处理包含不确定性信息的数据（如价值、代价、权重等），并不断优化数据实现反馈（如稳健性分析）。本节采用 Kangaspunta 等提出的 PDA 算法，考虑权重的不完整信息，该方法已经运用于武器系统组合领域。由于考虑权重的不确定因素，本步骤可以得到满足费效比的多个应用组合。

4.3.6　应用组合选择

本步骤关注于如何筛选上个步骤得到的多个应用组合，以最终确定最优的应用组合。相关研究主要考虑两种方法：①在搜集更为精确的数据的基础上，采用稳健分析方法持续简化应用组合方案；②考虑应用组合方案的综合价值、代价以及各个应用的核心指标值，引入最大化、最小遗憾值等决策原则进行辅助分析。

4.3.7　系统模型设计

根据所得最优的应用组合方案，本步骤旨在设计信息系统架构包含的系统模型内容，如应用结构、应用场景、应用状态等。这些应用内容可以采用不同的建模方法进行设计，如类图、状态图、时序图等。本步骤的交付产品是系统模型和对应的 XML 数据文件。

综上所述，本小节主要考虑如何把资源分配方法运用于体系结构的设计过程，以实现业务功能与应用之间的良好适配。该方法同样可以运用于其他体系结构框架或者其他适配类型。

4.4　案例研究

为了解释 4.3 节提出的框架，从资源分配角度实现业务功能与应用之间的适配，本节引入一个 Switcher SA 案例。Switcher SA 是一个主要负责零件制造和运送的小型公司，Fritscher 和 Pigneur 等采用 Archimate 建模语言设计了该公司的业务模型，这些内容的构建便于得到方法框架所需的业务与应用相关内容。下面采用案例依次介绍 4.3 节涉及的 7 个步骤。

4.4.1　步骤（1）至步骤（3）

根据文献，Fritscher 和 Pigneur 等已经对 Switcher SA 公司的业务和应用内容进行了描述，并提取了该公司包含的业务功能与应用，这些内容可以为方法框架的前 3 个步骤提供支撑。首先，研究学者指出 Switcher SA 公司的业务模型主要从财产视角、顾客视角、流程视角 3 个角度进行开发；其次，为支撑公司的竞争策略，Switcher SA 包含运营管理（Operations Management）、顾客管理（Customer Management）以及创新（Innovation）3 个主要的业务功能；最后，为支撑业务功能，该公司主要包含交易应用、信息应用以及策略应用 3 个类型的应用，每种应用包含相关的应用集合，如交易应用包含 SAP 应用与在线商店应用等。根据研究学者对业务流程和应用的描述，业务功能与所有候选应用之间的映射关系如表 4.2 所列，因此，需要从应用列表 A1～A13 中选择合适的应用组合来支撑业务功能 F1～F3。根据文献，本小节假设候选应用中遗留应用为 $A_1, A_2, A_4, A_5, A_9, A_{10}$，新应用为 $A_3, A_6, A_7, A_8, A_{11}, A_{12}, A_{13}$。

表 4.2 Switcher SA 案例业务功能与候选应用之间的映射

功能/应用	F_1：运营管理	F_2：顾客管理	F_3：创新
A_1：Kookaburra	X	X	
A_2：SAP	X		
A_3：Online Store	X	X	
A_4：Collection Catalogs	X		
A_5：Dashboard Metrics Data	X		
A_6：Optimiso	X		
A_7：Switcher Color System	X		
A_8：Respect Inside Conformity Website	X		
A_9：B2B Platform		X	
A_{10}：Switcher Friends		X	
A_{11}：Web Presence		X	
A_{12}：Respect-Code.org		X	X
A_{13}：Respect Inside Community Website			X

4.4.2 步骤（4）

本步骤主要假设采用 PDA 方法需要的数据，为了得到合理的分析结果，要求假设的数据满足以下原则。

（1）对业务功能拥有较高支撑效用值的应用应关联一个较高的更新或者创建代价。

（2）支撑多个业务功能的应用需要关联一个较高的更新或者创建代价。

（3）遗留应用的效用值低于新应用的效用值，对应的消耗代价也一样。

基于以上 3 个原则，假设遗留应用的更新代价是 800，支撑价值是 0.7；新应用的创建代价是 1000，支撑价值是 0.8，单位是美元。

（4）考虑应用之间的协同关系，如果同时选择两个应用，消耗的总代价小于两个应用的代价之和，本小节假设应用之间的协同关系以及消耗代价的折扣如表 4.3 所列。

表 4.3　协同应用的代价折扣

协同应用	A_1,A_3	A_5,A_6	A_7,A_8	A_1,A_9	A_3,A_{11}
代价折扣	−100	−100	−200	−100	−100

根据应用的代价值与应用之间的协同关系，应用组合的综合代价可表示为

$$C(x)=800x_{A_1}+800x_{A_2}+\cdots+1000x_{A_{13}}-100x_{A_1}x_{A_3}-\cdots-100x_{A_3}x_{A_{11}}\leqslant \text{cost} \tag{4-2}$$

式中：$x=0$ 或 1；本小节假设预算的限制为 8000 美元。

（5）根据文献，每个种类的应用列表中至少选择一个应用来支撑业务功能。例如，A_1,A_2,A_3 均为可以支撑业务功能 F_1 的交易型应用，因此至少有一个应存在于最终的应用组合中，对应的约束关系为

$$\begin{cases} x_{A_1}+x_{A_2}+x_{A_3}>0 \\ x_{A_4}+x_{A_5}+x_{A_6}>0 \\ x_{A_7}+x_{A_8}>0 \\ x_{A_1}+x_{A_3}+x_{A_9}>0 \\ x_{A_3}+x_{A_{10}}+x_{A_{11}}>0 \\ x_{A_{12}}>0 \\ x_{A_{13}}>0 \end{cases} \tag{4-3}$$

（6）考虑业务功能的权重，因为点权重值难以确定，本小节关注于确定业务功能之间的权重比较关系，即

$$\omega_2 \geqslant \omega_1 \geqslant \omega_3 \tag{4-4}$$

4.4.3 步骤（5）

本步骤采用 PDA 方法计算低耗高效的应用组合。根据业务功能与应用的关系，以及输入的相关数据，可以得到 28 个应用组合，如表 4.4 所列。这些应用组合均呈现一个较低的消耗代价以及较高的支撑效用，难以直接进行比较，需要进一步对计算结果进行优化。

表 4.4 根据 PDA 方法计算得到的应用组合

组 合	应 用	组 合	应 用
P1	$A_1,A_2,A_4,A_7,A_9,A_{11},A_{12},A_{13}$	P15	$A_1,A_2,A_6,A_7,A_8,A_{11},A_{12},A_{13}$
P2	$A_1,A_2,A_4,A_8,A_9,A_{11},A_{12},A_{13}$	P16	$A_1,A_2,A_6,A_7,A_{10},A_{11},A_{12},A_{13}$
P3	$A_1,A_2,A_5,A_7,A_9,A_{11},A_{12},A_{13}$	P17	$A_1,A_2,A_6,A_8,A_{10},A_{11},A_{12},A_{13}$
P4	$A_1,A_2,A_5,A_8,A_9,A_{11},A_{12},A_{13}$	P18	$A_1,A_2,A_5,A_7,A_8,A_9,A_{10},A_{12},A_{13}$
P5	$A_1,A_2,A_6,A_7,A_9,A_{10},A_{12},A_{13}$	P19	$A_1,A_2,A_3,A_4,A_7,A_9,A_{10},A_{12},A_{13}$
P6	$A_1,A_2,A_6,A_8,A_9,A_{10},A_{12},A_{13}$	P20	$A_1,A_2,A_3,A_4,A_8,A_9,A_{10},A_{12},A_{13}$
P7	$A_1,A_2,A_3,A_4,A_7,A_{11},A_{12},A_{13}$	P21	$A_1,A_2,A_3,A_5,A_7,A_9,A_{10},A_{12},A_{13}$
P8	$A_1,A_2,A_3,A_4,A_8,A_{11},A_{12},A_{13}$	P22	$A_1,A_2,A_3,A_5,A_8,A_9,A_{10},A_{12},A_{13}$
P9	$A_1,A_2,A_3,A_5,A_7,A_{11},A_{12},A_{13}$	P23	$A_1,A_2,A_5,A_6,A_8,A_9,A_{10},A_{12},A_{13}$
P10	$A_1,A_2,A_3,A_5,A_8,A_{11},A_{12},A_{13}$	P24	$A_1,A_2,A_4,A_5,A_7,A_9,A_{11},A_{12},A_{13}$
P11	$A_1,A_2,A_5,A_7,A_8,A_{11},A_{12},A_{13}$	P25	$A_1,A_2,A_4,A_5,A_8,A_9,A_{11},A_{12},A_{13}$
P12	$A_1,A_2,A_6,A_8,A_9,A_{11},A_{12},A_{13}$	P26	$A_1,A_2,A_4,A_7,A_9,A_{10},A_{11},A_{12},A_{13}$
P13	$A_1,A_2,A_3,A_6,A_7,A_{11},A_{12},A_{13}$	P27	$A_1,A_2,A_4,A_8,A_9,A_{10},A_{11},A_{12},A_{13}$
P14	$A_1,A_2,A_3,A_6,A_8,A_{11},A_{12},A_{13}$	P28	$A_1,A_2,A_5,A_8,A_9,A_{10},A_{11},A_{12},A_{13}$

4.4.4　步骤（6）至步骤（7）

步骤（6）关注于对上一个步骤输出结果的优化。根据最大化原则以及最小遗憾值原则，均可以得到 P26、P27 或者 P28 拥有最优的指标，因此可以作为最终的应用组合。也可以采用核心值来描述单个应用的价值，利用应用在所有组合中出现的频率来量化。图 4.3 显示了 13 个应用在 28 个应用组合中出现的频率（核心值），可以看出 A_1、A_2、A_{12}、A_{13} 拥有最高的核心值，A_6 表现出最低的核心值，因此最终的应用组合应该包括 A_1、A_2、A_{12}、A_{13}。

确定最终的应用组合之后，步骤（7）关注于开发体系结构中的其他业务模型内容，如应用结构、时序流程等，这些内容不再进行详细说明。

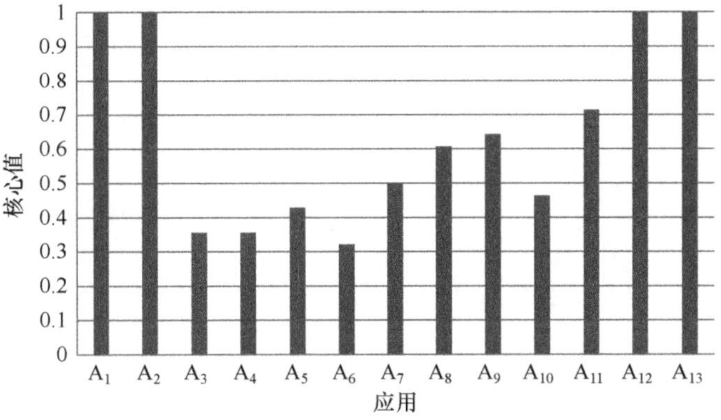

图 4.3　13 个应用的核心值

总之，鉴于当前体系结构研究在实现 BITA 的 IT 治理方面的不足，本节首先阐述了 IT 治理在体系结构设计中的重要性；然后从 IT 资源分配的角度出发，通过把 PDA 方法运用于体系结构设计过程，实现了业务功能与应用之间的适配；最后采用 Switcher SA 公司案例说明了方法的有效性。

本节所提方法的优势主要在于对当前研究缺陷的补充，以及从资源分配角度结合了体系结构设计与 BITA 实现，有益于 BITA 的实践。所提方法的缺陷主要体现在对数据搜集缺乏更清晰的描述，也缺乏一个实践案例进行方法的论证。

4.5 小结

鉴于当前体系结构研究在 BITA 实现方面的不足，本章说明了 IT 治理在体系结构设计流程中的重要性。从 IT 资源分配视角出发，分析了业务功能与应用的匹配关系，并采用 PDA 方法实现 BITA。通过一个 Switcher SA 的例子说明了方法的有效性。值得注意的是，本章考虑的问题是对于体系构建阶段如何合理地设计业务流程与信息技术，但是没有考虑体系运行过程中的动态变化，这个问题将在第 5 章进行介绍。

第 5 章 采用体系结构方法动态实现 BITA

05

近年来，动态 BITA 研究获得了较多的关注。然而，动态 BITA 的描述和治理相关研究仍不充分。为解决这个问题，本章主要结合 BITA 成熟度框架，提出概念化的 BITA 演进模型，并结合第 4 章内容，引入动态的资源分配演进因子。在此基础上，探索一系列可能的变化和对应的资源影响，提出动态的资源分配算法，解决基于体系结构的动态 BITA 实现问题。

5.1 引言

根据对文献的分析可以发现，动态 BITA 问题获得了越来越多的重视。Baker 认为 BITA 呈现终止和持续两种状态，Chan 指出综合考虑这两种状态是困难但有益的。Chen 把 BITA 问题看作是不断移动的目标。Benbya 认为 BITA 问题不仅是一个状态，而是一个以难以预料的方式持续实现的过程。目前可持续实现 BITA 仍是一项具有挑战性的工作。

尽管已经认识到实现动态 BITA 的重要性，但是研究文献在解决该问题时呈现出相似的局限性：首先，倾向于采用业务战略、IT 战略、业务结构、IT 结构组成的概念框架来描述 BITA 概念内涵，缺乏更加深入的 BITA 描述与管理框架；然后，缺乏基于更深层次的 BITA 框架的动态度量；最后，可持续 BITA 的影响因素（如知识共享、领导作用）是不完善的。为解决这些局限，本章主要从以下 3 个方面进行拓展：①采用体系结构方法深入描述动态的 BITA 内容；②结合体系结构方法与 Luftman 提出的 BITA 成熟度模型，建立动态的 BITA 度量框架；③扩展可持续 BITA 影响因素，探索 BITA 演化过程中的动态资源分配机制。

5.2 问题提出

近些年，研究学者普遍认识到动态 BITA 的重要性，并开展了针对性的研究。根据关键词搜集并分析相关的文献可以发现，研究文献主要关注于阐述动态 BITA 的优势、描述动态 BITA 模型以及探索辅助实现动态 BITA 的机制。表 5.1 列举和概括了典型的文献，主要包括研究问题、方法、特征等内容。

表 5.1 处理动态 BITA 问题的相关文献

来源	问题	描述	特征
Sabherwal（2001）	动态 BITA 是怎样随时间在演化	采用动态均衡模型检查变化，主要包含长时间的演化变化和短时间的变革变化	• 度量不同时间段不同种类的 BITA； • 采用动态均衡方法来验证动态 BITA
Benbya（2006）	BITA 的演化和涌现特征	BITA 是一个持续演化的流程，协调自顶向下的合理设计和自底向上的涌现流程	• 提出一个包含战略层、操作层、个体层的三层框架； • 引入相互演化的原则
Luftman（2007）	怎样持续性地度量 BITA	提出 5 个 BITA 成熟度的层次，帮助组织决定当前的 BITA 层次以及下一步提高的方向	• 在确定的时间采用 6 个准则和 5 个层次来确定 BITA 的成熟度
Lyytinen（2008）	怎样采用准确性、一般性、简单性来解释复杂的信息系统变化	把信息系统变化看作均衡的社会技术变化，并提供 PSIC 模型来解释变化流程	• 把信息系统变化解释为社会技术系统； • 通过第一级变化和第二级变化来表达社会技术系统
Chen（2008）	组织怎样开发 IT 来达到可持续的战略适配	利用动态能力视角，从位置、流程、路径 3 个方面实现 BITA	• 引入动态能力的维度和种类； • 解释了一个案例的全生命周期阶段
Baker（2008）	组织怎样持续地实现 BITA	提出影响可持续 BITA 的因素，并认为组织在一个或多个时间段实现 BITA 的前提下会在之后的阶段更大可能地实现 BITA	• 提出可持续 BITA 的概念模型； • 提出影响可持续 BITA 的因素

续表

来　源	问　题	描　述	特　征
Baker（2011）	可持续 BITA 怎样被概念化和量化	采用动态能力的方法概念化 BITA，包括静态 BITA、历史 BITA 以及 BITA 流程的成熟度	• 通过 3 个方面概念化动态的 BITA
Tallon（2011）	动态 BITA 与敏捷性之间的关系	基于 IT 灵活性和环境多变性，分析 BITA 与敏捷性之间的关系	• BITA 与企业性能没有直接的关系； • 如果考虑敏捷性的中间效应，BITA 与企业性能之间的非直接效应比较强
Wagner（2014）	治理机制、业务输出以及 BITA 之间是如何关联的	在不同时间段，基于不同的治理机制考虑 BITA 的层次	• 论证影响 BITA 模式的具体机制； • 描述共享知识和相互理解之间的相互演化
Haes（2015）	怎样把 IT 治理运用于实现可持续 BITA 过程中	混合不同的结构流程和关联机制来实现 BITA	• 提供 IT 治理的实践化； • 解释不同的 IT 治理原则
Ohlsson（2016）	怎样实现可持续的 BITA	通过一个案例，设计了一个循环的包含业务角色和 IT 角色的组织结构	• 通过一个循环的组织结构提出了实现 BITA 的三个主要组件

通过表 5.1 对文献的分析，可以得到以下启示与结论。

（1）描述动态 BITA 涉及多个内容。一是深层描述结构（Deep Structure），它是对组织或者公司的 BITA 结构的详细描述。例如，Sabherwal 提出采用战略信息系统管理文件来表示深层结构，主要包括业务战略、业务结构、IT 战略、IT 结构，类似于 Henderson 和 Venkatraman 提出的 SAM；Lyytinen 提出从结构、执行者、任务、技术 4 个方面描述信息系统的深层结构。但是，这些文献提出的深层结构只涉及信息系统的几个关键要素（如战略、结构等），没有包含更加具体的业务与系统内容。二是组织在运行的不同时间段对 BITA 深层结构的度量方法。例如，Sabherwal 采用不同适配类型之间的距离表达高中低的适配状态；Lyytinen 认为任意两个维度之间的差异表示为 BITA 的不适配状态；Haes 概括了几种简单的度量方法。鉴于当前对深层结构研究的局限性，动态 BITA 度量往往也是不充分的。三是关键事件，它是指由于业务需求与 IT 需求的动态变化导致的 BITA 状态内容受到影响的事件，是可持续 BITA 研究的主要动机。四是干预机制，它是指组织缓解不适配状态、实现重新适配的可能措施，如技能训练、知识共享等。五是相邻运行阶段之间的间隔，它是指 BITA 状态变更的一个生命周期，动态的 BITA 演化流程可能会包含一系列的间隔。综合考虑以上五个概念，会更加具体地描述与管理动态的 BITA。

（2）研究文献不断探索实现可持续 BITA 的影响因素。例如，Wagner 认为加强业务部门与 IT 部门之间的相互交流与知识共享可以有效应对 BITA 过程的变化；Baker 认为领域知识共享、战略业务合理规划、加强上报关系、建立激励结构等是最重要的可持续 BITA 影响因素；Ohlsson 指出加强业务领导与 IT 领导的责任是影响可持续 BITA 的协调剂与推进剂。资源的动态分配也可以作为另外一个实现动态 BITA 的机制。研究学者指出动态资源分配有助于在 IT 治理方面提高 BITA 的成熟度，但目前还未开展充分的研究。

（3）研究学者普遍认为动态的 BITA 实现有助于提高组织效能。Talion 讨论了 BITA 和组织效能之间的关系，并阐释了 BITA 对组织效能的积极影响。Jorfi 探索了 BITA、IT 灵活性、与 IT 能力之间的关系，认为 BITA 从 IT 灵活性的角度提高组织效能。因此，考虑完善的干预机制，在实现动态 BITA 的前提下，可以达到较好的组织效能。

本节主要从以下 3 个方面扩展当前的研究：①引入一个深层结构描述框架来表达动态 BITA 的概念内涵。体系结构是对复杂组织中过去、当前、未来状态下的业务与信息技术场景的结构化和集成化的表达，是描述和实现 BITA 的方法和工具。体系结构可以从粒度更细的角度表达 BITA 结构，因此体系结构框架可以作为动态 BITA 的深层结构描述框架。②为了与体系结构描述方法相结合，建立更加全面准确的动态 BITA 度量过程，引入了 Luftman 提出的 BITA 成熟度框架，提出了它与体系结构的集成途径。③为了补充可持续 BITA 的影响因素，本节提出动态资源分配机制来处理不适配状态下的资源分配不合理问题，该机制可以和其他影响因素共同作用于 BITA 的实现流程。

5.3 动态 BITA 概念模型构建

本节提出动态 BITA 的概念模型，旨在结合终止态与持续态的 BITA。概念模型主要包括深层结构、BITA 度量、关键事件、干预机制、间隔等内容，如图 5.1 所示。

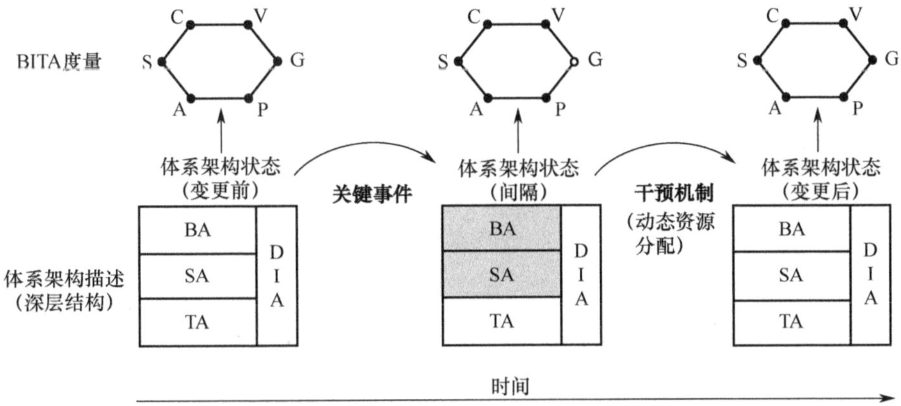

图 5.1 动态 BITA 实现的概念模型

体系结构可以看作对组织中业务与 IT 适配场景的结构化描述，而体系结构框架是复杂体系结构的抽象描述规范。本节提出的概念模型的深层结构采用体系结构框架（如 DoDAF、TOGAF、MoDAF 等）中经常出现的 4 个视角：业务架构（Business Architecture，BA），用于定义业务战略、流程、功能需求等，包括业务流程、组织结构、业务功能等内容；系统架构（System Architecture，SA），对支撑业务需求的应用内容的描述，包括应用、应用服务、应用结构等内容；技术架构（Technology Architecture，TA），指实现应用的基础设施，包括软件、硬件、网络等内容；数据与信息架构（Data and Information Architecture, DIA），指组织运行涉及的各种数据，包括各层存在的数据结构与信息实体。根据这 4 个视角组成的简化体系结构框架，BITA 问题可以被理解为适配同一架构层或者不同架构层次之间的不同内容，如 BA 中的业务功能与 SA 中的应用之间的适配。

为了度量组织运行过程中的 BITA 状态，需要采用一个综合的 BITA 度量方法。本节结合 Luftman 提出的成熟度模型与上述的体系结构框架。BITA 成熟度框架包含 6 个准则：通信（C）、价值度量（V）、IT 治理（G）、合作关系（P）、范围和架构（A）、技能（S）。研究文献把该成熟度框架集成在体系结构框架中，例如，为了采用 Zachman 体系结构框架评价 BITA，Plazaola 比较 Luftman 成熟度框架与 Zachman 框架的元模型，提出基于 Zachman 框架描述模型来评价 BITA 的方法，采用体系结构描述文档可以计算每个时间段的 BITA 成熟度水平。

根据体系结构方法对组织的规范化描述，组织在体系结构设计过程会实现较好的 BITA 结果。但是，由于体系结构运行过程中存在的业务与 IT 需求的动态调整，会导致业务与 IT 不适配现象的产生，进而影响组织的性能。例如，业务功能发生变化会导致业务功能（BA）与应用（SA）之间已建立的适配失效，如图 5.1 中间状态的灰色部分所示；该不适配状态会反映在 BITA 的度量模型中，如图 5.1 中间状态的小点 G 所示。因此，任何可以引起组织不适配现象的事件统称为关键事件，如业务功能的变化。在概念框架中，关键事件是影响体系结构状态并且威胁或者降低 BITA 成熟度的行为。

尝试缓解或消除不适配状态的行为称为干预机制，旨在通过控制不同角色、行为、体系结构模型，采用具体的方法，使组织内容重新回到适配状态。例如，为了重新实现图 5.1 中业务功能与应用之间的适配，需要为应用层动态分配资源，引入新应用或更新当前的应用，使应用集合可以重新支撑业务功能。

根据图 5.1 提出的体系结构框架，不适配状态可能发生在某一体系结构层内，如 BA 的业务流程和业务功能之间；也可能发生在不同体系结构层次之间，如 BA 层的业务功能与 SA 层的应用之间。本节主要讨论业务功能与应用之间的动态适配，细化的概念模型如图 5.2 所示，其中，Existing Functions 和 Existing Applications 是指变更之前的业务功能与应用，依赖应用结构支撑业务功能，当组织引入 New Functions 或者 New Applications 时（图 5.2 中的粗线），会导致不适配状态的产生。为了重新适配业务功能与应用，组织需要引入动态的资源分配机制，以提高 BITA 中 IT 治理准则的成熟度。

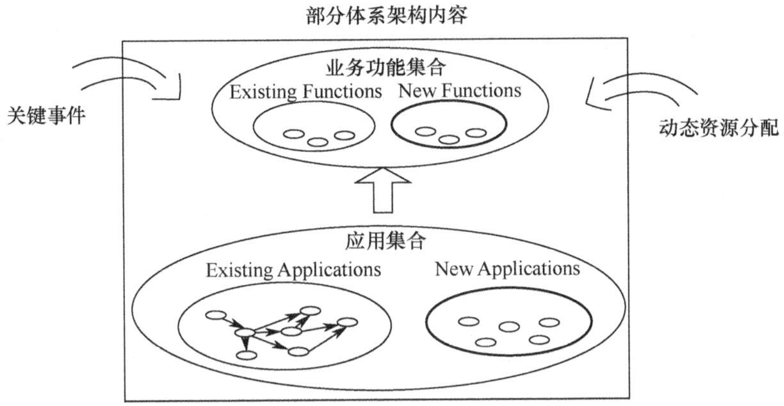

图 5.2　业务功能与应用之间动态适配的概念模型

5.4　关键事件挖掘

探索业务功能与应用适配过程中可能发生的关键事件有助于归纳体系结构演化中可以预料或者难以预料的变化。关键事件主要来自于业务环境的变化与 IT 的创新等方面。根据概念模型，下面讨论 3 种可能引起业务功能与应用不适配现象发生的关键事件：BA 中业务功能的变化；SA 中应用的变化；DIA 中数据的变化。

（1）业务功能的变化是对业务环境变化的反映。例如，为了回应不断增加的市场压力，可以为组织当前的业务功能集增添“创新管理”功能，提高组织的创新能力。业务功能的变化主要包括添加新的业务功能、更新当前的业务功能、删除当前的业务功能。

（2）应用的变化是系统需求动态调整的结果。例如，为了发挥高新技术的优势，需要更新或者丢弃当前的应用。Simon 认为，对系统应用的处理主要包含创建应用、修改应用、丢弃应用。同理，为了满足动态的系统需求，应用的变化主要包括为当前的应用结构增加新的应用、用新应用替换当前的应用、更新当前的应用、删除应用等。

（3）数据的变化是指适配业务功能与应用的相关数据发生了变化。例如，市场环境的变化可能会引起业务功能的权重发生变化，导致当前的应用集合难以高效的支撑业务功能。数据的变化主要包括业务功能间权重的变化、应用代价的变化、应用对业务功能支撑效用值的变化等。

综上所述，不同种类的变化均会导致业务功能与应用之间不适配的发生。关键事件以及包含的子关键事件之间的关系称为组合关系，如图 5.3 所示。

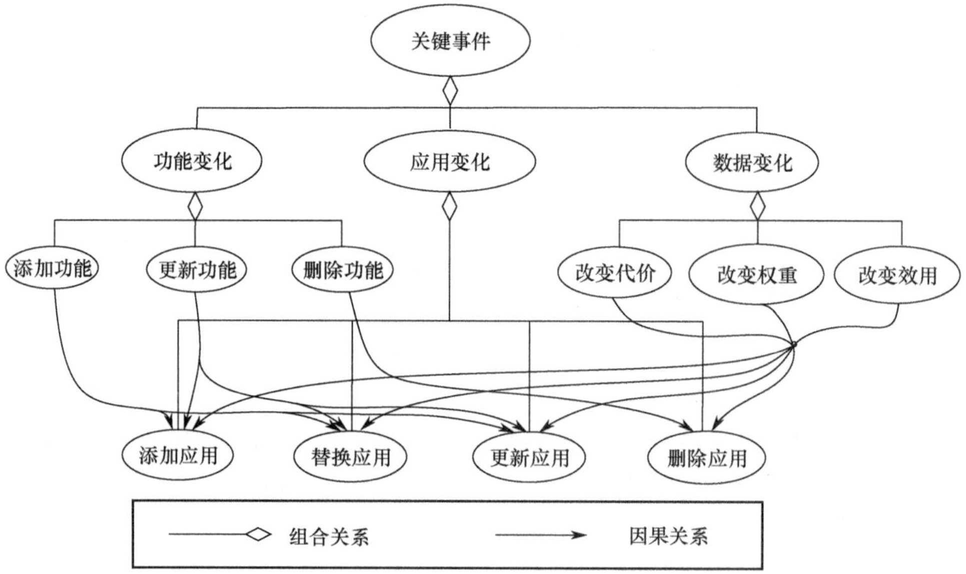

图 5.3　业务功能与应用适配的变化以及之间的关系

为了应对图 5.3 中列举的各种变化，需要考虑可能的干预策略。假如需要为当前的业务功能集合添加一个新的功能，对应的干预策略可以是引入一个可以支撑该功能的新应用，或者更新当前的应用来提高其功能性，或者引入新的应用来替换当前的应用等。关键问题在于选择不同的干预策略，产生高效的系统应用组合方案。同时，关于更新业务功能、删除业务功能等变化的干预策略也可以表达为应用的相关变化，如图 5.3 所示。

应用的 4 种变化可以直接被部署在体系结构应用层内，以更好地支撑业务功能，它们可以作为应用变化本身的干预策略。

数据的变化也会更新业务功能与应用之间的适配关系。为了有效地支撑业务功能，干预策略可以为当前的应用结构添加新的应用、更新或者替换已有的应用等。例如，当业务功能的权重发生变化，当前的应用结构难以高效支撑业务功能，引入新的应用或者更新当前的应用就显得很有必要。

综上所述，可以采取与应用变化相关的干预策略来应对可能的业务、数据、与应用变化，这些变化与干预策略之间的因果关系如图 5.3 所示。进一步对干预策略的代价、效用等指标进行分析，有助于建立动态的资源分配机制，得到满足费效比的业务功能与应用适配方案。

5.5　动态资源分配

本节探索以上 4 种与应用变化相关的干预策略对应的资源消耗，进而综合不同策略的资源消耗代价，提出动态资源分配算法。

5.5.1　资源消耗代价

本节主要讨论每种与应用变化相关的干预策略的资源消耗。由于未变更前的功能与应用之间的映射涉及应用结构，当修改或者引入应用时需要考虑对应用结构的影响。引入应用度指标来衡量应用结构的变化，该指标是指应用结构中发生变化的应用的入度和出度的和。根据应用变化涉及的关系数目，度数较高的应用难以被更新或者替换，相应的更新或者替换代价也会增加。以下分别介绍 4 种策略对资源消耗的影响。

1）为当前的应用结构引入新的应用

本策略假设新的应用集合的某个应用需要被引入到当前的应用结构中，并且该应用需要与其他相关的应用建立关系，如图 5.4 所示，其中新的应用集合可以从 BA 的设计结果中得到。从消耗代价的角度分析，引入新的应用需要关联一个创建代价 $\cos t_{\mathrm{ad}}^{j}$，j 代表第 j 个新应用；同时需要与其他应用建立关系并产生关系创建代价 $\cos t_{\mathrm{cr}}^{j}$，关系创建代价是创建所有关联关系消耗的代价的总和，采用应用度指标来计算关系创建代价（$\cos t_{\mathrm{cr}}^{j}=de_j\times\cos t_{\mathrm{cr}}^{\mathrm{re}}$，$de_j$ 表示新应用与当前应用产生关系的个数，图 5.4 中该值为 2，$\cos t_{cr}^{re}$ 表示建立每条关系消耗代价的值）。因此，引入一个新的应用的整体代价消耗是应用创建代价与关系创建代价的和（$\cos t^{j} = \cos t_{ad}^{j} + \cos t_{cr}^{j}$）。

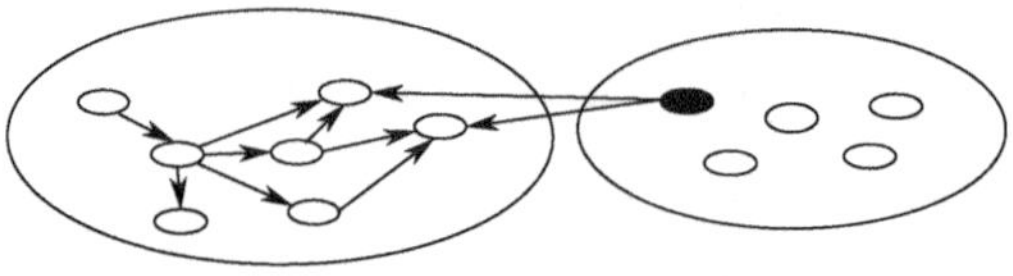

图 5.4　与应用变化相关的干预策略：引入新的应用

2）引入新的应用更换当前的应用

本策略假设应用结构中的某个当前的应用需要被新的应用集合中的某个应用替代，也就是说新的应用需要被创建并部署到当前应用的位置，并且与相关的应用产生关联。如图 5.5 所示，黑色椭圆表示的应用替换了当前的一个应用，并且与其他两个应用建立关联。例如，“云计算”应用可以替换传统的“数据处理”应用，并且与其他应用产生关联。从消耗代价的角度分析，存在替换代价来创建和部署新应用 $\cos t_{re}^{j}$，j 表示第 j 个新应用；同时，由于新应用需要与其他应用建立关系，产生关系的创建代价（$\cos t_{cr}^{j} = de_{j} \times \cos t_{cr}^{re}$，与第一种策略一样）。因此，采用新应用替换当前应用的总代价是应用的替换代价与关系的创建代价之和（$\cos t^{j} = \cos t_{re}^{j} + \cos t_{cr}^{j}$）。

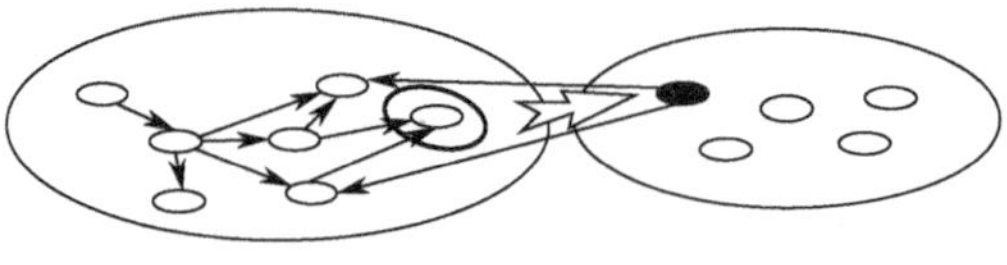

图 5.5　与应用变化相关的干预策略：替换应用

3）更新当前的应用

为满足新的业务功能需求，可能需要更新当前的应用并增强其功能性，并且保留与其他应用的关联关系。如图 5.6 所示，黑色椭圆对应的应用是需要被更新的应用，并与其他 5 个应用存在关联。例如，为提高组织的灵活性，基于组件的应用需要被更新为基于服务的应用，应用的接口也需要发生改变。从消耗代价的角度分析，更新应用会产生应用更新代价 $\cos t_{\mathrm{up}}^{i}$, i 代表第 i 个当前的应用；同时，为维护应用与其他关联应用之间的关系，需要根据应用度指标计算应用关系的维护代价（ $\cos t_{\mathrm{ma}}^{i} = de_i \times \cos t_{\mathrm{ma}}^{\mathrm{re}}$ ， $\cos t_{\mathrm{ma}}^{\mathrm{re}}$ 表示维护每条关联关系的代价消耗常量）。因此，更新一个当前应用的总代价是应用更新代价与关系维护代价的和（ $\cos t^{i} = \cos t_{\mathrm{up}}^{i} + \cos t_{\mathrm{ma}}^{i}$ ）。

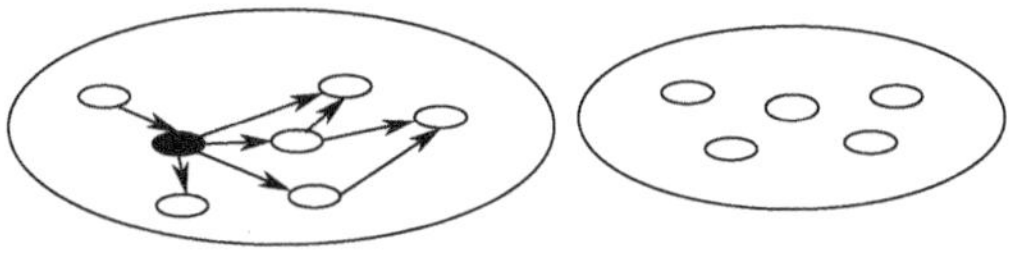

图 5.6　与应用变化相关的干预策略：更新代价

4）删除当前的应用

本策略指当应用不再具备支撑业务功能的效用时，可以删除应用。例如，传统的"数据库存储"应用在引入新的"云存储"应用之后不再被需要，因此该应用可以被删除，并且删除当前的应用不会产生代价消耗。

总之，干预策略的总资源消耗可以被认为是以上各种策略对应消耗的结合，因此动态资源分配机制旨在从当前应用集合和新的应用集合中选择具备高费效比的应用组合来支撑业务需求。

5.5.2　动态资源分配模型

满足高费效比的应用组合，需要同时支撑 BITA 演化过程中发生变化的部分和没有变化的部分。例如，当新的业务功能被引入当前的业务功能集合时，当前存在的应用可以不发生变化来支撑未发生变化的业务功能，这样仍然保留当前应用对未发生变化的业务功能的良好支撑。

考虑这种支撑方式，采用当前存在的应用来处理适配过程中没有发生变化的部分，可以被认为是第 5 种关于应用的干预策略。如果当前应用可以支撑没有发生变化的业务功能，那么引入新应用来支撑这些业务功能是不合理的，因此采用当前应用来支撑这些业务功能的代价是 0（ $\cos t^{i} = 0$ ）。

综上所述，根据上述介绍的 5 种与应用变化相关的干预策略，可以采用资源分配方法分析得到高效的应用组合方案，实现当前应用结构到新的应用结构的转变。根据第 4 章的研究，基于 PDA 的动态资源分配模型为

$$
\begin{aligned}
&\max \sum_{k=1}^{p} \omega_k V_k(x) = \max \sum_{k=1}^{p} \omega_k \{V_k^{(1)}(x) \cup V_k^{(2)}(x) \cup V_k^{(3)}(x) \cup V_k^{(5)}(x)\} \\
&\text{eg.} \sum_{j=1}^{l} (\cos \mathrm{t}_{\mathrm{ad}}^{j} + \cos \mathrm{t}_{\mathrm{cr}}^{j}) x_j^{(1)} + \sum_{j=1}^{h} (\cos \mathrm{t}_{\mathrm{re}}^{j} + \cos \mathrm{t}_{\mathrm{cr}}^{j}) x_j^{(2)} + \sum_{i=1}^{m} (\cos \mathrm{t}_{\mathrm{up}}^{i} + \cos \mathrm{t}_{\mathrm{ma}}^{i}) x_i^{(3)} + \\
&\sum_{i=1}^{m} \cos \mathrm{t}^{i} x_i^{(5)} - \sum_{i=1}^{m+h+l} \sum_{j=1}^{m+h+l} \mathrm{syn}(i,j) \leqslant \mathrm{cost},\ x_i, x_j = 1, 0 \\
&x_i^{(3)} + x_i^{(5)} \leqslant 1,\ i = \{1, \cdots, m\} \\
&x_j^{(2)} + x_i^{(3)} \leqslant 1, \text{if } j \text{ replaces } i, i = \{1, \cdots, m\}, j = \{1, \cdots, h\} \\
&V_k(x) > 0,\ k = \{1, \cdots, p\}
\end{aligned}
\tag{5-1}
$$

式（5-1）的第一行旨在最大化业务功能的效用值，其中：p 为业务功能的数目，包含当前的业务功能以及新的业务功能；ω 为业务功能的权重，鉴于点权重的难以获得，本节仍采用确定权重比较关系的方法；V 为应用对业务功能的支撑效用值，不同的策略对应的支撑效用值不同。

式（5-1）的第一个约束以整体预算为标准，计算应用组合消耗的代价，其中：m 为当前应用的数目；h 为用来替换当前应用的新应用的数目；l 为引入的新应用的数目；x 表示一个应用是否被选择，采用 0 或者 1 表示；$\mathrm{syn}(i,j)$ 表示两个应用之间是否存在协同关系。

式（5-1）的第二个和第三个约束表示选择应用策略的相互排斥状态：前者表示一个应用不能同时被更新或者保持不变，如果对一个应用采用了更新策略，那么它就无法保持不变；同理，后者表示一个应用不能同时被更新和被替代。第四个约束表示每个业务功能的效用值都必须为正。

上述数学模型旨在通过综合不同的应用处理措施解决应用组合的优化选择问题，实现体系结构演化过程中的业务功能与应用的动态适配，提高 IT 治理的成熟度。

5.5.3 动态资源分配算法

本节引入解决上述数学模型的算法，其中一部分仍然采用 Kangaspunta 等在解决武器组合优化问题时提出的 PDA 方法。整体算法共包含 4 个步骤。

（1）计算应用在每一种策略下消耗的代价。每种应用处理策略均可以对应一种消耗代价，如当前应用既可以保持不变支撑原有的功能，可以通过更新来支撑新的功能，因此应该存在两种代价消耗方式。

（2）计算所有可行的应用组合，记作 P_F。可行组合是指满足上述公式中 4 个约束条件的所有组合。可行组合的计算是集成以上 5 种策略的关键。

（3）计算所有满足费效比的组合，记作 P_{CE}。费效组合可以在较低代价消耗的前提下实现较高的业务功能，是可行组合的子集。本节关于费效组合的计算采用 Kangaspunta 等提出的 PDA 算法。

（4）筛选得到性能最优的组合，记作 P_U。根据上个步骤得到的多个费效组合，可以选用运筹学领域的决策原则对结果进行优化，如最大化法则、最小遗憾值法则[161]，进而得到支撑业务功能的最优的应用组合方案。

上面提出的实现步骤（1）和步骤（2）的伪代码，如算法 1 所示。伪代码的第 1 步按照策略 5、3、2、1 的顺序排列所有的应用，列举不同应用处理策略对应的应用个数，根据不同的应用处理策略，得到应用的总个数 X 为 $2m+l+h$；伪代码的第 2 步计算 X 中每一个应用的代价，包括度的计算和代价的计算；伪代码的第 3 步列举了 X 中所有应用之间的协同关系对应的代价值；伪代码的第 4 步列举所有应用组合的选择可能性，并进行存储；伪代码的第 5 步是计算可行组合的核心步骤，其中 5（a）枚举 X 中所有可能应用组合，5（b）初始化可行组合为空，设置 k 和 q 为 0，5（c）步骤增加 q 的值，5（d）循环算法直到指针达到 k，接下来几行代码详细检查应用组合是否满足式（3-3）中提出的约束，最后在 5（e）中，所有可行组合得到记录。

算法 1　满足公式的可行组合的实现方法

---

1. Define $X=\{x_1, \ldots x_m, x_{m+1}, \ldots x_{2m}, x_{2m+1}, \ldots x_{2m+l}, x_{2m+l+1}, \ldots x_{2m+l+h}\}$
2. for($i=1, \ldots 2m+l+h$)
   deg(x_i); cost[i]$=\cos t(\deg(x_i))$
3. Define $k=0$
   for($i=1, \ldots 2m+l+h;\ j=1, \ldots 2m+l+h;\ i\neq j$)
     if $\exists \mathrm{syn}(i,j)<0$
       $\mathrm{syn}(i,j,k)=\mathrm{syn}(i,j)$; $k=k+1$
4. Define $k=1$
   for($v_1=0, 1;\ v_2=0, 1;\ \ldots;\ v_{2m+l+h}=0, 1$)
     List(k)$=[v_1, v_2, \ldots, v_{2m+l+h}]$; $k=k+1$
5. (a) Define $P=\{\mathrm{List}(1) \ldots \mathrm{List}(2^{2m+l+h})\}$
   (b) Set $P_F^0=\Phi\ \ k=0\ \ q=0$
   (c) Set $q=q+1$;
   (d) While $k<2^{2m+l+h}$ do
       for($i=1, \ldots, m$)
         if$(P(k)_i+P(k)_{m+i}>1)$ then $k=k+1$ and go to (d)
       for($i=1, \ldots, m;\ j=1, \ldots, l$; x_{2m+j} replaces x_i)
         if$(P(k)_{m+i}+P(k)_{2m+j}\neq 1$ *or* $P(k)_i+P(k)_{2m+j}\neq 1)$ then $k=k+1$ and go to (d)
       if$(P(k)\otimes \mathrm{cost}-\mathrm{Syn}(P(k))>\mathrm{Budget})$ then $k=k+1$ and go to (d)
       Set $P_F^q=P(k)\cup P_F^{q-1}$ then $k=k+1$ and go to (c)
   (e) Set $P_F=P_F^{2^{2m+l+h}}$

根据上述算法输出的可行组合，进一步借鉴 Kangaspunta 等提出的 PDA 算法，可以计算得到费效组合。然后采用最大化原则或者最小遗憾值原则对费效组合进行优化，得到最优的组合方案。

5.6 案例研究

第 4 章介绍了 Switcher SA 案例，并在体系结构设计阶段得到了支撑业务功能的应用组合。本节根据第 4 章的输出结果，考虑体系结构演化过程的业务功能变化，探讨本节提出的动态的资源分配方法的实现，以得到可持续的应用组合方案。

5.6.1 案例描述

通过上面对案例的描述，可知 Switcher SA 公司需要满足 3 个业务功能：运营管理（F1）、顾客管理（F2）和创新管理（F3）。通过计算可得到支撑上述 3 个业务功能的应用组合，应用与业务功能之间的映射关系如表 5.2 所列，由此可知该公司在体系结构设计阶段实现了业务功能与应用之间的适配。

表 5.2 体系结构设计阶段应用与业务功能之间的映射关系

应　用	F_1 : Operations Management	F_2 : Customer Management	F_3 : Innovation
A_1: Kookaburra	×	×	
A_2: SAP	×		
A_3: Dashboard metrics data	×		
A_4: Respect inside conformity website	×		
A_5: B2B platform		×	
A_6: Switcher Friends		×	
A_7: Web presence		×	
A_8: Respect-code.org		×	×
A_9: Respect inside community website			×

近年来，全球化趋势给零售商品市场带来了巨大冲击，使竞争环境更加剧烈，也使企业的协同倾向逐渐增强。供应链网络逐渐变成了协同合作网络，组成协同合作网络的企业之间相互关联，使运营与销售更加高效，企业因此也变得更加复杂。在这种趋势下，企业倾向于引入两个新的业务功能：①个人训练功能（F4），指为 Switcher SA 公司和它的合作伙伴的不同角色培养相关技能；②合作者管理功能（F5），是指管理合作伙伴之间的关系，共享知识等内容。

为了支撑新的业务功能集合，考虑上一节提出的 5 种应用策略。新的应用集合需要由原始的应用与新的应用组成，而新的应用可以通过体系结构的设计与分析过程得到。首先，当前的 9 个应用仍然可以支撑未变化的 3 个功能。其次，引入 3 个新的应用来支撑 F4 与 F5，其中：协同网络应用（A10），用于协同 Switcher SA 与其合作者的不同角色；知识产生应用（A11），主要负责从日常经验中归纳和传递知识；知识训练应用（A12），培养关于业务和 IT 的知识和技能。然后，可以对 A5、A6、A7 应用进行更新，加入合作伙伴的相关内容。另外，可以替换当前的两个应用，其中：A3 可以被替换为面向云的数据版本（A3′），把云技术引入数据存储过程；A4 可以被替换为虚拟一致性网络（A4′），以加强内部一致性的网络技术。假设上述所有策略均可以支撑新的业务功能 F4 和 F5，对该案例背景的图形化描述如图 5.7 所示。

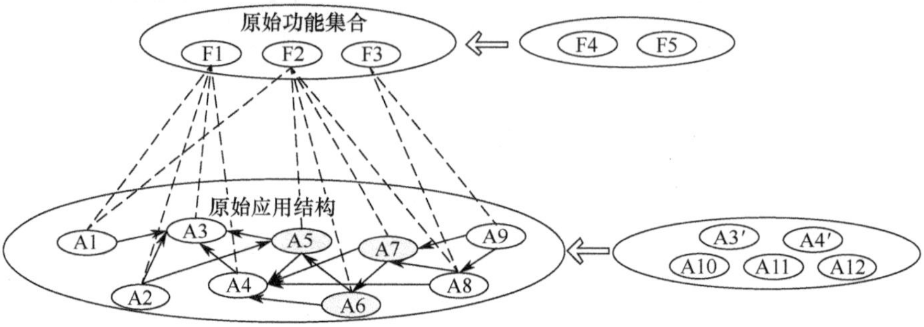

图 5.7　业务功能与应用适配状态的变更描述

5.6.2　数据搜集

本节假设确定 5.6.1 小节所提算法需要的数据。为了得到合理的分析结果，算法所需数据需要满足以下条件：关系的维护代价应低于关系的创建代价；应用的更新代价应低于应用的创建代价，创建代价应低于替换代价；变更后的应用的支撑效用值应高于变更前的。应用与关系的相关代价，以及对预算的假设均列举在表 5.3 中。表 5.4 表达了协同应用的代价折扣。

表 5.3　应用与关系的相关代价

应　用	$\cos t_{ma}^{re}$	$\cos t_{cr}^{re}$	$\cos t_{ad}$	$\cos t_{re}$	$\cos t_{up}$	Budget
费用/美元	100	150	900	1000	800	6000

表 5.4　协同应用的代价折扣

应　用	A5, A7	A3′, A4′	A10, A11
代价折扣/美元	−150	−150	−200

为了最大化总的实现价值，所有应用对业务功能的支撑效用如表 5.5 所列，其中：斜线左侧的数据表示变更前应用对业务功能的支撑；斜线右侧的数据表示变更后应用对业务功能的支撑。另外，5 个业务功能的权重关系可表示为

表 5.5 应用对业务功能的支撑效用

价值	A1	A2	A3/A3′	A4/A4′	A5	A6	A7	A8	A9	A10	A11	A12
F1	0.7	0.7	0.7/0.8	0.8/0.9	0/0	0/0	0/0	0	0	0	0	0
F2	0.7	0	0/0	0/0	0.7/0.9	0.7/0.8	0.8/0.9	0.8	0	0	0	0
F3	0	0	0/0	0/0	0/0	0/0	0/0	0.8	0.8	0	0	0
F4	0	0	0/0.8	0/0.9	0/0.8	0/0.7	0/0.8	0	0	0.9	0.8	0.7
F5	0	0	0/0.7	0/0.8	0/0.8	0/0.6	0/0.7	0	0	0.9	0.8	0.7

$$\omega_5 \geqslant \omega_4 \geqslant \omega_2 \geqslant \omega_1 \geqslant \omega_3 \tag{5-2}$$

5.6.3 结果分析

综合考虑算法 1 和 Kangaspunta 等提出的 PDA 方法，可以得到 11 组满足费效比的应用组合，进一步采用最小遗憾值原则，可以得到最优的应用组合。变更后的应用结构，以及对业务功能的支撑关系，如图 5.8 所示。根据结果，A4 应用被 A4’应用替代；A5 与 A7 应用得到更新；另外，A10 应用被引入新的应用结构。该案例说明了动态资源分配机制在应用结构的更新中得到了有效的运用。

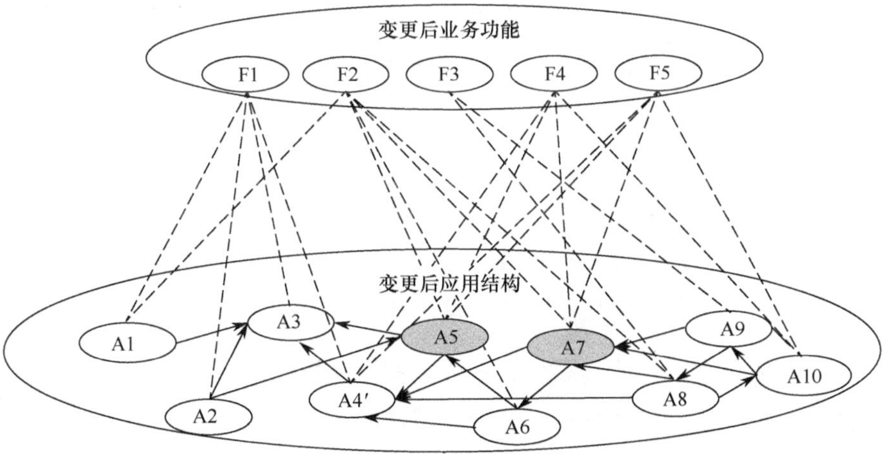

图 5.8 更新后的 BITA 结构

因此，动态资源分配机制运用于动态的 BITA 过程，作为可持续实现 BITA 的干预机制，可以不断提高 BITA 的 IT 治理成熟度。另外，由于 PDA 方法已经被广泛研究且运用于多个领域，并且本节的研究问题与 PDA 方法存在共同之处，采用 PDA 方法来解决面向资源分配的动态 BITA 问题是合理的。

在实践中运用该方法需要注意如下问题。第一个问题是关于数据的搜集问题，需要获得多种不同类型的数据来支撑该方法的应用。上述章节提出的方法框架介绍了自动化数据搜集、半自动化数据搜集以及手工数据搜集的方法。阿尔托大学的系统分析实验室研究了怎样从问卷调查中获得想要的数据。第二个问题是指怎样把该方法运用于其他 BITA 类型中。尽管本节主要讨论了业务功能与应用之间的适配，但体系结构中仍然存在其他种类的适配，在解决这些适配类型时需要考虑新的数据类型以及新的约束条件。第三个问题是指在实践中如何结合动态资源分配机制以及其他支撑动态 BITA 的机制，如知识共享、相互通信等，需要确定执行的优先级以及机制之间的关系。例如，如果在业务角色和 IT 角色之间共享领域知识，可能会更加容易度量应用对业务功能的支撑效用，更加准确地实施动态资源分配算法，因此在动态 BITA 实现的过程中需要先实施知识共享机制，再执行动态资源分配机制。

总之，鉴于 5.2 节讨论的 3 个研究缺陷。本节首先提出一个综合考虑体系结构框架与 BITA 成熟度的概念模型；然后为该模型引入一个动态资源分配机制，详细探讨了面向动态资源分配的业务功能与应用的可持续适配过程。本章的主要贡献在于提出了全面的动态 BITA 概念框架，通过与体系结构框架结合更加详细地描述动态 BITA 的内涵，并将动态资源分配机制与第 4.4 节提出的资源分配算法相结合，实现体系结构设计到演化的 BITA 支撑。

该方法仍存在一定的局限性：首先，提出的概念模型是相对简单的，只选取了体系结构常见的一些视角，而没有考虑整体的体系结构框架；其次，没有提出详细的 BITA 度量方法，只描述了体系结构与 BITA 度量的支撑关系；最后，对动态资源分配机制与其他机制的综合运用缺乏详细的讨论。

5.7 小结

当前体系结构方法对 BITA 中 IT 治理准则的研究是缺乏的。作为 IT 治理的重要使能因素，本章主要考虑动态资源分配机制，并在体系结构设计和演化过程中进行运用。首先，结合体系结构对复杂组织的规划能力，把资源分配机制运用于体系结构设计过程，在体系设计阶段建立一个较好的 BITA 状态；然后，针对体系结构实施过程中的不确定性，把资源分配机制运用于体系结构的演化过程，以应对复杂多变的业务需求与 IT 创新。本章旨在说明资源分配机制是如何作为一个有效的可持续 BITA 治理机制在组织中进行运用的，为其他机制的引入提供了思考。值得注意的是，本章涉及的复杂性领域仍属于秩序层面，体系结构演化过程中发生的变化是比较确定且可度量的，因此可以较容易地发现根源原因，并进行治理。

总的来说，本章论述了在复杂信息系统的设计与演化中对资源动态分配的考虑。当前，面对众多的遗留系统、服务以及可供选择的新技术，能够快速形成部署方案是非常重要的，这就要求在复杂信息系统的架构设计阶段综合考虑不同种类的业务与 IT 内容，提供动态资源分配机制，为 BITA 的实现提供支撑，为复杂信息系统的代价控制、资源集成提供先验方案。

第 6 章 业务与 IT 相互演化的概念与现状

根据第 1 章对 BITA 研究现状的描述，当前的 BITA 研究多呈现业务与 IT 相互演化的现象，且在理论研究与实践应用中，这种相互演化过程的自底向上的涌现是非常困难的。上述章节介绍了在复杂度较低情况下的 BITA 度量和实现方法，那么在复杂度较高情况下，如何实现 BITA 呢？从本章开始，本书将讨论 BITA 的相互演化概念、原则以及采用体系结构的实现方法，为最终达到自顶向下 BITA 规划与自底向上 BITA 涌现的结合提供支撑。

6.1 业务与 IT 相互演化的概念

自从 Henderson 和 Venkatraman 在 1993 年提出 SAM 之后，BITA 的研究得到了广泛的发展。BITA 一直被认为是不同领域不同内容（业务战略、IS/IT 战略、业务结构、IS/IT 基础设施）之间的适配与集成。关于 BITA 的文献综述广泛关注 BITA 的定义、度量方法、层次以及维度等方面。这些综述均从两个视角关注适配的本质：把适配看作一个终止态（Alignment as an End-State）；把适配看作持续的流程（Alignment as an Ongoing Process）。前者关注于 BITA 的先验情况、度量以及结果。后者要求持续的业务与 IT 管理来实现可持续的适配。研究学者尝试从秩序的角度捕捉流程中的动态性，从而达到结合上述两个视角的目的。

目前，由于剧烈变化的业务环境、无处不在的数字化技术以及越来越复杂的组织关联关系，组织的复杂性不断升高。复杂性为传统 BITA 的研究提出了挑战，因为在一定时间段内获得高的 BITA 并不一定意味着组织效能的提高，并且有可能产生相反的效果。可持续的 BITA 流程已经从均衡态（Region of

Order）向涌现复杂性（Region of Emergent Complexity）阶段过渡。Tanriverdi 指出，当一个组织处于涌现复杂性阶段时，相互演化理论（Coevolutionary Theory）是用来控制组织复杂性的有效手段。近些年来，研究学者普遍提出采用相互演化理论处理动态 BITA 问题中的复杂性，产生了业务与 IT 的相互演化（Business and IT Coevolution, BITC）视角。

BITC 与传统 BITA 的区别如表 6.1 所列，其中，BITC 把组织中的业务和 IT 元素看作是统一的生态系统，关注它们结合产生的非线性作用。为了分析该生态系统，El Sawy 引入配置理论来解释业务和 IT 之间的复杂关系，并且探索可能的配置结构方案。另外，Benbya 提出了一个 3 层的相互演化模型（战略层、操作层、个体层），并且阐述多层次、多向因果、非线性以及正向反馈等特征。为了在充满干扰和动态的业务环境下生存，组织可依据相互演化战略，通过自适应、自组织、即兴发挥等方式驯服不适配特征，而不是总寻求一个紧耦合的适配方案。例如，Peppard 提出了一个可循环的相关演化模型来识别相互演化流程中的关键组件；Amarilli 开发出一个包括控制参数、使能指标、动态执行者等的相互演化模型；Perrard 等采用系统动力学模型分析了相互演化影响因素之间的关联关系。所有这些模型旨在识别关键的相互演化机制，达到预先控制复杂组织的目的。根据对复杂性的预先判断，可以选择对应的组织战略：如果组织的复杂性程度比较低，那么组织可以追求可持续的竞争优势；如果组织的复杂程度比较高，鉴于组织中存在的非线性因素，可以追求不连续的短暂竞争优势。尽管传统的 BITA 与性能的关系存在积极的和消极的悖论，但是研究学者一致认为 BITC 对性能的影响具有积极作用。

表 6.1 BITA 与 BITC 的区别

区　别	BITA	BITC
特征	均衡	多层次、多方向、非线性、反馈
维度	战略、结构、社会、文化	整体
处理不适配特征	解决	驯服
治理机制/原则	资源分配、加强关系…	模块化设计、适应性张力…
战术	被动	主动
战略	持续性竞争优势	暂时性竞争优势
性能关系	积极/消极	积极

综上所述，BITC 的研究主要是由环境动力学和组织复杂性所驱动的。例如，业务环境已经被广泛存在的 IT 创新所影响，导致基于平台的架构、IT 生态系统等现象的产生；由于技术偏移、惰性以及其他难以预料的事件的出现，导致组织内部的管理活动难以展开。所有以上的现象在不同层次影响组织的业务和 IT。因此，组织应该集成自顶向下的合理控制和自底向上的涌现适应，以提高组织的整体性能。同时，BITC 可以反过来影响组织结构和业务环境。为了评价与 BITC 相关的上述因素，提出了一个 BITC 分析框架，如图 6.1 所示。其中，“环境变化与条件”是指外部的影响因素，如组件创新、架构创新或者动态市场需求等；“组织变化与条件”主要包括组织内部的变化需求；“组织效能”是指“BITC 流程”的实现效果。

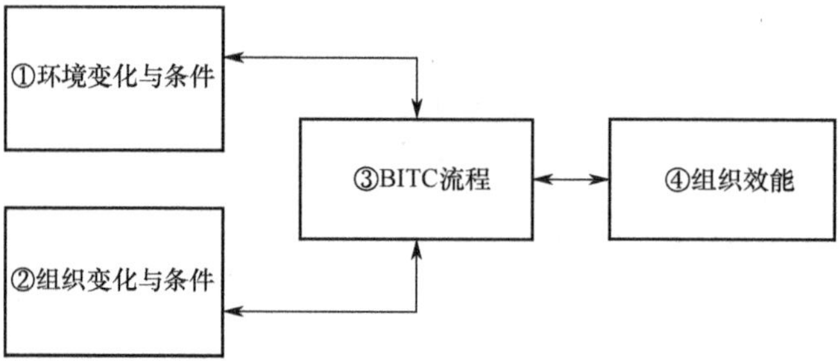

图 6.1　BITC 分析框架

6.2　BITC 现状分析

本节根据上述框架分析当前 BITC 研究的现状。首先，采用国际信息系统协会（AIS）推荐的信息系统领域顶级期刊与会议作为文献搜集的来源。然后，确定文献搜集所采用的关键词，主要分为与适配相关的关键词（如 BITA、战略适配等）以及与复杂性相关的关键词（如 Complexity，Coevolution，Dynamics 等）。通过对文献标题和摘要的筛查，初步找到 96 篇文献，进一步删除没有包含上述分析框架中内容的文献，最终得到 42 篇文献。

本节主要按照分析框架中的元素和关系来整理文献，同时引入其他若干维度。第一个维度关注于研究学者理解和描述 BITC 问题所采用的研究框架类型，如理论框架、概念框架以及实践框架。理论框架是指采用形式化的理论和解释来描述业务与 IT 之间的关系，如活动理论。概念框架是指采用一系列的概念实体来组成框架，如战略层的适配概念（业务战略与 IT 战略）、操作层的适配概念（业务部门与 IT 部门）、个体层的适配概念（信息系统与用户）等，这 3 个层次也可以作为描述 BITC 问题的另外一个维度。实践框架是主要从实践者的视角与经历来得到结论。为了验证提出的框架，研究学者通常采用定性的方法或者定量的方法，方法的类型也可以作为分析 BITC 的一个维度。另外，关于 BITC 问题的研究一般分为 4 个阶段，其中："Sensing" 阶段主要识别 BITC 现象的存在，声明该现象应该充分引起研究学者的重视；"Sensemaking" 阶段主要用来解释 BITC 过程的定义和特征；"Improving" 阶段关注于开发具体的 BITC 原则来控制相互演化过程；"Implementing" 阶段关注于怎样在实践中控制和管理相互演化流程并提高组织的性能。

总的来说，通过图 6.1 的分析框架以及上述的 4 个维度分析得到的 42 篇文献，详细的分析结果如表 6.2 所列。分析结果显示，BITC 研究在近些年得到了广泛的关注，其中有 72%的文献发表在 2010 年之后。以下将按照图 6.1 的分类依次介绍。

6.2.1 环境变化与条件

外部 IT 与业务环境的变化不断促进业务与 IT 元素的相互演化。当前，组织在一个充满大数据、云计算等数字化技术的世界里运行。这些数字化技术为汇聚各种创新能力提供了可能，并由此产生数字化技术平台（如 iOS 系统）、IT 生态系统（如数字化音乐系统）等新兴概念。IT 环境已经变得易于变化且难以预测。研究学者普遍认识到预测未来的技术进步、为技术投资与规划进行决策已经变得越来越困难。

表 6.2　BITC 研究文献分析结果

文献	关注点										框架			层次			方法			阶段			
	①	②	③	④	①→③	③→①	②→③	③→②	③→④	④→③	概念	理论	实践	战略层	操作层	个体层	非实践	定性	定量	Sen-sing	Sens-ema-king	Impr-oving	Impl-emen-ting
Zhang	●		●		●	●		●	●	●		●		●	●			●			●		
Luftman				●					●		●			●	●	●			●		●		
Gerow				●					●			●		●					●		●		
Amarilli	●		●		●			●			●				●	●	●			●	●		
Amarilli			●					●			●				●	●		●			●	●	●
Bharad-waj	●	●			●		●		●		●			●			●			●			
Kahre	●	●		●	●	●	●	●	●	●	●			●			●			●	●		
Peppard			●		●							●		●			●			●	●		
Benbya		●	●				●	●			●			●	●	●	●			●	●	●	
Tanriver-di	●		●	●	●				●		●			●			●			●			
Tanriver-di	●		●		●				●			●		●	●	●	●				●	●	
Weeger		●	●				●					●			●	●		●			●	●	
Baker		●			●		●		●			●		●			●				●	●	

续表

文献	关注点										框架			层次			方法			阶段			
	①	②	③	④	①→③	③→①	②→③	③→②	③→④	④→③	概念	理论	实践	战略层	操作层	个体层	非实践	定性	定量	Sen-sing	Sens-ema-king	Impr-oving	Impl-emen-ting
Mitleton-Kelly		●	●					●				●			●	●		●		●		●	●
Chen	●	●							●			●		●				●				●	
Tallon	●	●		●					●		●			●					●		●		
Allen		●	●					●			●					●	●				●		
Zhou	●	●		●					●		●			●					●	●			
Liang	●	●		●					●		●			●					●	●			
Peppard		●	●				●	●					●	●	●			●		●	●	●	
El Sawy	●	●							●		●			●			●			●	●		
Simpson		●	●				●					●			●	●		●		●			
Tiwana	●	●							●		●				●	●	●				●	●	
Nan	●			●								●		●	●	●			●			●	
Vidgen		●	●				●	●			●				●	●	●			●	●		
Nassim			●	●					●		●					●			●			●	●
Kim		●	●				●					●			●	●		●			●		
Kim		●	●				●					●			●	●		●			●		
Benbya		●	●				●	●				●				●	●			●	●	●	

续表

文献	关注点										框架			层次			方法			阶段			
	①	②	③	④	①→③	③→①	②→③	③→②	③→④	④→③	概念	理论	实践	战略层	操作层	个体层	非实践	定性	定量	Sen-sing	Sens-ema-king	Impr-oving	Impl-emen-ting
Agarwal		●	●				●	●					●	●	●	●		●				●	
Vessey		●	●		●		●				●				●	●	●			●	●		
Cecez			●				●	●	●			●				●		●		●	●		
Yeow	●	●			●		●		●			●		●				●			●	●	●
Sandberg	●	●	●				●		●		●			●				●		●	●		
Pelletier	●	●			●		●					●		●			●				●	●	
Karpovsky		●					●						●		●		●			●		●	
Wetering				●	●		●		●			●		●					●		●		
Rai	●		●	●	●				●	●	●			●	●		●				●		
Merali		●			●		●						●	●				●		●			
Khan			●				●				●			●	●	●			●		●		
Bodhuin			●				●				●				●		●				●		
Kandjani	●				●			●				●			●		●			●		●	
42	18	26	24	11	15	2	22	13	20	3	20	18	4	25	22	20	19	14	9	20	29	17	4

面对动态的业务和IT环境，组织的复杂性随着多样性、适应性、连接性、相互依赖性等特性的提高而提高，导致组织的运行已经偏离了均衡状态，并且不断展现出涌现、自组织、反常态、分裂、数字化转型、不连续等特性。业务与IT不断关联形成生态系统。数字化业务战略的研究指出，业务战略与IT战略应该融合在一起发挥IT创新的优势。因此，BITC的视角要求从宏观的角度分析组织与其他组织或者环境的相互演化，并从微观角度分析组织内部的业务与IT元素相互演化。根据表6.2的结果，关于讨论环境动力学以及环境与BITC的关系的文献多从战略层次出发，提出概念型或者理论型的框架。这些文献倾向于采用非经验型的方法来识别和定义BITC现象。

6.2.2　组织变化与条件

组织内部的变化同样可以促进业务与IT元素的相互演化。组织内部变化是指对预期实现的战略或者规划的偏离，偏离因素可以包括业务战略变化、IT变化、惰性以及其他难以预料的事件等。例如，为了在动态的业务环境中生存，组织需要不断调整竞争战略，来达到组织与环境的相互适应；不断增加的数字化创新，使组织可以采取新的IT系统或服务，进而产生遗留系统、IS部署、IS开发等复杂问题；组织的惰性会一定程度上阻碍计划的执行，产生业务与IT的不适配状态，影响组织效能。另外，存在一些其他方面的组织偏离因素，如资源短缺、操作错误、政策机制等。

本节列举缓解上述偏离因素的几个前提条件，可以作为影响BITC的原则。改变组织对IT的理解、提升IT在组织的影响，是处理潜在偏离的前提。鉴于IT创新对组织效能的积极影响，有必要把数字化IT能力看作是规划业务战略的固有因素。正如Bharadwaj指出，当前需要重新考虑IT战略的角色，从传统功能层次的战略支撑转换到IT战略与业务战略的不断融合。不仅在战略层，IT也应该被嵌入在操作层与个体层。因此，业务与IT之间的缝隙会逐渐变小，最后形成一个整体复杂系统。

选择合适的组织结构可以作为另外一个应对组织变化的前提条件，有助于促进业务与IT执行者之间的通信和知识交互，并进行决策执行。正如Peppard

所言，相互交流愿望、信任程度以及协同关系，均会随着合适的组织结构的运行而增强，同时可以避免业务与 IT 之间的误解、克服惰性、最终缓解组织偏离。

在信息系统架构开发中，选择模块化设计方法可以作为另外一个缓解组织偏离的前提条件。与近似分解和松耦合规则一致，模块化设计要求一个系统的组件可以分离和再组合，通过最小化模块依赖来重新配置组件，并且帮助架构及时地反应变化。

根据表 6.2，组织变化与 BITC 的关系获得了较多的研究，大部分通过概念或者理论框架分析多层适配，并且倾向于使用非经验或者定性的方法来定义 BITC 问题和解释 BITC 现象。

6.2.3 BITC 流程

根据上述解释，组织外部或者内部复杂性导致业务与 IT 之间不一致状态的产生，并且出现涌现偏离。因此，组织需要综合考虑自顶向下的控制与自底向上的适应流程，维持组织效能。研究学者尝试引入相关的理论来描述 BITC 流程，例如，由于 BITC 流程与达尔文提出的自然选择模型存在共同点，自然选择理论涉及的变化（Variation）、选择（Selection）、保留（Retention）3 个原则，可以被引入来探测 BITA 过程中的偏离，进而选择合适的备选方案，不断提高组织效能。另外，Weeger 等人提出活动系统理论来感知不同执行者之间的矛盾，并且分析系统演化过程偏离产生的根源。Teece 提出的动态能力框架也可以用来解释 BITC 流程，该能力框架主要包含 3 个能力：感知（Sensing）追寻（Seizing）和转型（Transforming）。Teece 指出上述 3 个能力对应具体的操作行为，如学习、资源分配等，并且认为动态的 BITC 能力可以通过感知、追寻、与转型能力以及关联的具体行为所实现。表 6. 2 指出 BITC 流程通常采用一个理论或者概念框架来描述。

BITC 的治理原则可以被嵌入在上述能力框架中，或者在文献中单独被讨论。治理原则预先发现并控制组织的偏离行为，为偏离过程产生适应性的结果。例如，Benbya 与 McKelvey 着重描述了支持 BITC 流程的 5 个原则，

Nassim 与 Robert 根据开源系统的案例验证了 3 个原则。其中，适应性压力（Adaptive Tension）原则是指在需要的时间和地点为组织增加压力，如感知不适配症状、缓解惰性、强化执行者之间的交互等；相互交流原则旨在加强业务角色与 IT 角色之间的通信，并且分享领域知识与建立相互信任关系；资源分配原则旨在重新配置当前的资源，或者引入新的资源来补充资源差距；实验与学习原则为涌现偏离实施实验机制，并且从组织反应中进行学习。由于 BITC 是一个复杂的问题，产生偏离的根本原因相互缠绕，研究学者通常倾向于采用治理原则来缓解不适配状态，并通过非经验或者定性的方法来解释治理原则，目前很少采用定量的方法进行验证。

反过来，BITC 流程可以进一步影响外部环境与内部组织。正如 El Sawy 指出，业务环境可以由 IT 系统和它们的战略能力来影响，会随着组织演化的轨迹发生变化，一定程度上产生新的合作伙伴关系。同时，根据 BITC 流程，组织内部的业务流程、业务结构、服务、IT 架构都需要重新被考虑。例如，考虑组织与用户之间的关系，投资系统与公司的 BITC 流程弱化了分析者和用户之间的关系，加强了用户与公司之间的关系。根据表 6.2，文献对这些关系的研究很少关注于 BITC 对外部环境的影响。

另外，研究文献也解释和验证了 BITC 与组织效能之间的关系，特别是通过定量的方法（结构等式模型、元分析模型）。近些年，研究发现了 BITC 与组织效能之间的混合效应，认为根源是组织惰性的影响，对惰性的控制被认为是管理 BITC 流程不可缺少的因素。

6.2.4　组织效能

业务与 IT 之间的适配一直被认为是促进组织效能的关键因素。度量组织效能是 BITA 研究的主要方面，性能结果可以包括敏捷性、市场增长、代价控制以及财政性能等。

在 BITA 研究的初期，研究学者主要采用调解方法、偏离方法、打分方法等来评价 BITA 的成熟度，这些研究倾向于把 BITA 看作是一个终止状态。随着研究的发展，研究学者综合考虑了 BITA 的终止状态与流程状态，并提出一些优化的方法，如成熟度模型、IT 治理模型等。当前，由于业务与 IT 之间的非线性关系，一个彻底的组织效能度量方法是困难且缺乏的。为了解决这个问题，研究学者推荐从整体的角度考虑业务与 IT 元素，如 El Sawy 提出的配置方法，关注于系统元素的不同组合方案，并且分析不同组合方案下组织的性能。根据表 6.2，关于组织效能的讨论，主要从 Sensemaking 阶段解释 BITC 流程与组织效能的关系，文献对组织效能分析的框架大多属于概念型或者理论型。

组织效能结果可以为 BITC 流程提出新的需求，并且反过来影响环境与组织。例如，IT 使能的业务模型产生的市场性能可以为 B2B IT 能力和战略意图提供适应性需求。从表 6.2 可以看出，相关的研究是缺乏的。

6.2.5 BITC 研究现状讨论

根据“关注点”和“阶段”维度的分析结果可以发现，当前大量的研究关注于理论层面，并引入了多种相关的研究理论，如复杂适应性系统理论、控制理论、配置理论等。同时，根据“层次”维度的研究结果可以发现，目前很少有文献统筹分析 3 个层次。另外，虽然一些研究讨论了适配与性能之间的关系，但很少区分传统适配问题与相互演化问题对组织效能的影响：传统 BITA 倾向于采用可持续的竞争优势来提高性能；BITC 需要更多的动态性，短期的不适配或者偏离可能是被接受的。因此，结合这两种竞争优势，有助于理解不同复杂程度下的组织 BITA 问题。研究学者已经验证了 BITC 问题对于性能的积极影响，但很少考虑消极方面，如动态适配过程中不断增加的代价对性能的影响。

对比多个维度的分析结果可以发现，当前在实践中很难实现 BITC 流程。很多文献关注于解释 BITC 的动机以及影响，而缺乏在实践中指导管理和控制 BITC，导致 BITC 的学术研究与实践研究产生了较大的差距。为了促进下一步关于 BITC 过程管理与控制等方面的实践研究，本节重点讨论这些方面 BITC 研究存在的差距。

（1）研究缺陷存在于治理原则方面。当前，BITC 治理原则存在于不同的文献中，研究学者倾向于用它们来解释 BITC 问题的相关概念，很少作为实践的指导原则。另外，原则提出的粒度也不尽相同。为解决这个问题，研究学者认为需要确定更加全面的原则以及它们之间的关系，并且要求搜集的原则可以直接运用于组织实践中。理解原则之间积极或者消极的关系，有助于在实践中进行运用，并采用因果图或者影响图方法来确定原则之间的关系。另外需要对这些原则进行验证，因为传统的 BITA 干预机制可能不再适用于 BITC 场景。总之，通过识别 BITC 原则、它们之间的关系以及它们在实践中的实现，便于了解怎样、在哪里、什么时间使用这些原则来治理 BITC 过程中遇到的变化。

（2）研究缺陷是关于对计算型模型（Computational Model）的采用。研究学者认为治理原则的运用与验证很难展开。计算型模型可以用来分析和验证治理原则，为治理原则的运用提供支撑。通过对原则的验证，以及实验结果的分析，可以为 BITC 问题产生更深的理解。根据表 6.2，只有少数文献引入了计算型模型，并且没有文献对这些模型进行定量化分析。正如 Amarilli 指出，目前还没有研究采用定量化方法来描述动态适配问题。系统动力学模型（Systm Dynamic Model，SDM）与智能体建模（Agent-Based Modeling，ABM）的方法有助于缓解这个问题。SDM 可以捕获复杂系统的动态行为，进而理解系统的复杂性[220, 221]。为 BITC 问题建立 SDM 有助于集成治理原则和它们之间的关系，分析复杂行为的涌现过程。Peppard 以及 Baker 提出了系统动力学模型来分析治理原则在复杂组织中的运用，这些模型有助于帮助管理者理解动态行为、提供交互证据以及辅助 BITC 决策。然而，系统动力学模型是一个高层次的、从整体处理复杂行为的系统，难以分析复杂系统的个体行为。ABM 作为一个微观的模型，可以通过操作和仿真智能体之间的交互来重建和预测复杂现象。作为一个自底向上的建模方法，它从底层描述涌现行为，并且产生积累效应来影响整体的行为。根据文献，系统动力学模型可以与 ABM 结合来统筹分析自顶向下的控制与自底向上的适应。因此，集成的模型可以捕获现实现象，并为详细的决策提供微观的控制。

（3）研究缺陷是关于 BITC 问题的实践研究。目前，BITC 问题的理论研究还没有转化为实践应用。Karpovsky 与 Galliers 指出，目前依然很少知道组织执行者每天怎么适配业务操作与 IT 应用，这也就是为什么 BITA 相关文献总是被批评太理论化而没有反映实践问题。因此，更多案例研究，特别是长时间段的实证研究，需要被进一步的开展。具体的实践场景与工具需要被开发，实践者需要充分考虑传统 BITA 问题与 BITC 的结合，平衡不同场景下的行为；同时，需要区分短期的影响因素与长期的影响因素、均衡状态与非均衡状态，以便于理解变化以及预先开展行动。

总之，BITA 问题的 BITC 视角是当前研究的一个新的主题。在实践中管理和控制 BITC 流程是当前研究的主要局限，应鼓励更多在此方面的探索研究。

6.3 基于系统动力学模型的 BITC 流程

6.3.1 BITC 治理原则

BITC 流程中自底向上的适应是非常重要的，有助于实现业务与 IT 交互的相互演化。BITC 动力学的适应性输出主要依赖于治理原则。例如，Nassim 和 Robert 提出了一个模块设计原则，致力于更快地开发新的系统模块，或者更新当前的系统模块；内部复杂性原则可以被用来快速适应外部环境的变化。目前，治理原则总是用来解释 BITC 的概念，很少作为实践的指导。通过对文献的分析，可以总结出 10 个频繁出现的治理原则，如表 6.3 所列。这 10 个原则形成一个整体的 BITC 治理指南，缺少任何原则可能影响组织的性能。

表 6.3　10 个 BITC 治理原则

原　则	名　称	描　述	文　献
P1	IT 战略规划同时考虑探索（exploration）与开发（exploitation）	探索指发现新的机会，开发是指对当前能力的深度挖掘	Peppard, 2003; Zhang, 2011; Vessey, 2013
P2	把 IT 能力看作是业务战略规划的固有因素	IT 战略不再仅是支撑业务战略，而是影响与变革业务战略	Agarwal, 2002; Sandberg, 2014; Rai, 2014
P3	采用模块化设计	模块化设计通过最小化模块之间的依赖关系来重新配置组件	Benbya, 2006; Nassim, 2010
P4	采用合适的组织结构	协调组织内部的关联关系以及外部的合作关系	Agarwal, 2002; Vidgen, 2006; Amarilli, 2017

续表

原　则	名　称	描　述	文　献
P5	加强个体之间的相互交流	执行者之间相互交流，以形成相互信任的关系	Allen, 2006; Peppard, 2014; Baker, 2015
P6	共享领域知识	个体之间通过知识共享，形成统一的组织认知	Allen, 2006 Peppard, 2014; Simpson, 2016
P7	感知预期计划的偏离	快速感知并且反映紧急变化	Sandberg, 2014; Weeger, 2016; Tanriverdi, 2017
P8	执行根源分析	根据多个不一致症状识别偏离产生的根源	Benbya, 2006; Weeger, 2016; Tanriverdi, 2017
P9	添加治理机制并且从反应中进行学习	考虑不同的治理机制，缓解并驯服不适配状态	Benbya, 2006; Tanriverdi, 2010; Tanriverdi, 2017
P10	提前预测可能出现的涌现场景	识别可能的涌现场景，加速未来的变化速率	Vessey, 2013; Amarilli, 2016; Amarilli, 2017

P1～P6 是通过分析 3 个常见的 BITA 维度得到的，其中：战略维度是指业务战略与 IT 战略互相补充与协调的程度；结构维度是指业务与 IT 之间的结构一致程度；社会维度是指业务与 IT 执行者理解使命、目标、计划的程度。具体而言，在战略维度，P1 建议 BITC 流程需要充分考虑 IT 战略的探索能力与开发能力，不仅要充分挖掘内在的能力，还要不断开发新的能力需求。类似于数字化业务战略研究，P2 把数字化 IT 能力作为业务战略的固有组成部分，在规划过程中要求统筹考虑业务战略与 IT 战略。从结构维度出发，模块化设计（P3）的优先考虑是因为它为快速配置技术组件提供了可能。另外，BITC 需要采用合适的组织原则（P4）来管理业务流程，如中心型、非中心型、联合型等。BITC 也要求个体之间相互交流（P5）和共享领域知识（P6）行为，并作为社会维度的两个主要影响因素。

P7～P10 主要通过不适配分析（Misalignment Analysis）研究得到。不适配分析主要包括对不适配状态的探测、纠正以及预防等阶段。组织首先需要不断感知预期计划的偏离（P7），然后执行根源分析（P8）来调查产生偏离的根本原因。为了适应偏离并且进一步避免不适配状态的产生，组织需要考虑影响机制并且分析反应的结果（P9）。另外，组织需要预测可能出现的涌现场景（P10），以增加组织内部的复杂性、促进未来的变化速率。

总之，为了协调自顶向下的控制以及自底向上的适应，上述原则通过对组织行为的规划以及偏离的治理，达到提高组织效能的目的。

6.3.2 BITC 的系统动力学模型

本节采用系统动力学模型解释上述原则在 BITC 过程中的实现。该模型旨在描述原则的相互作用，以及它们在 BITC 中的实施过程，用来说明非线性行为、仿真复杂交互，并且为实践提供指导。系统动力学模型基于下述规则被构建：包括一系列交互的随时间变化的变量；变量交互驱动系统行为；行为被增强环或者平衡环决定；系统通过容量的积累来运行，这些容量可以包含人员、信息以及物理资源。一些研究学者引入了 BITA 的系统动力学模型。例如，Peppard 和 Campbell 通过综合实践者的经验提出 BITA 的系统动力学模型；Baker 和 Singh 从系统动力学的视角解释了业务战略与 IT 战略之间的不适配是如何产生的。通过他们的论据，BITA 存在于对预期的业务与 IT 元素的实现流程中。这些文献着重分析了社会维度，而没有考虑完整的 BITC 原则。根据这些研究以及本章提出的 10 个治理原则，本节提出的系统动力学模型如图 6.3 所示。

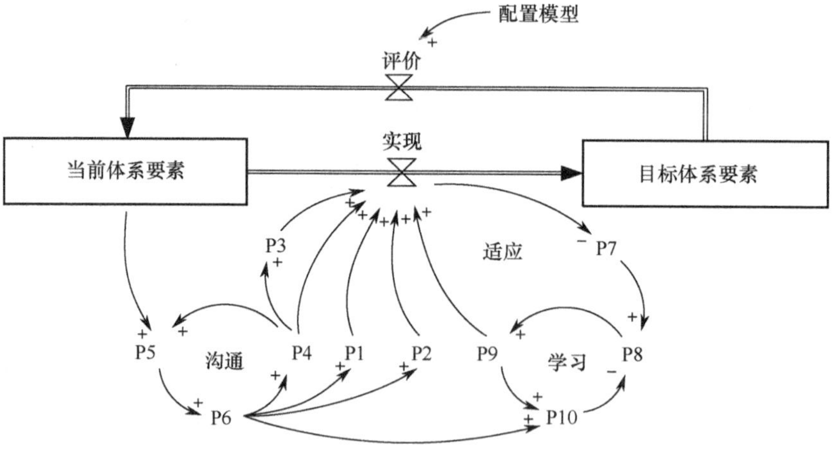

图 6.2 BITC 的系统动力学模型

图 6.2 把“当前体系要素”和“目标体系要素”看作容量，表示当前的体系结构以及未来的体系结构。容量可能包括战略层、操作层或者个体层的组

件。由于业务元素与 IT 元素之间的非线性依赖关系，该模型把业务与 IT 元素看作是一个整体。经过初始的规划，“As-is Business/IT Elements”之间会达到一个较好的适配关系，但是，由于运行过程（Implementing）中存在的可能偏离，需要采用 BITC 来发现根源原因并且驯服这些偏离。因此，“To-be Business/IT Elements”应该确定（Evaluating）业务元素与 IT 元素的配置方案是否会提高组织的性能。“Implementing”与“Evaluating”表示系统动力学模型中的流。两个容量随着流的流动而发生变化。另外，流可以由控制因素之间的关系来影响，包含积极的关系（用“+”号表示，如个体之间清晰的交流可以增长知识共享的概率）以及消极的关系（用“-”号表示，如“Implementing”流中紧急事件的出现会阻碍对偏离的探测）。

控制因素以及它们之间的关系辅助“Implementing”流实现合理的自顶向下的控制和自底向上的适应，其中控制因素之间因果关系的支撑文献如表 6.4 所列。具体而言，清晰的“As-is Business/IT elements”会使个体之间的相互交流（P5）更有效率。个体之间的相互交流期望（P5）可以促进彼此之间的相互信任，并且利于领域知识的共享（P6）。知识的共享（P6）对组织结构的优化具有促进作用（P4），有助于考虑战略的探索和开发（P1），以及同时考虑业务战略与 IT 战略（P2）。Agarwal 与 Amarilli 认为优化的组织结构可以使个体之间的交流（P5）更加顺畅。因此，P4、P5 和 P6 组成一个“Communicating”的增强环，旨在不断缓解个体之间的矛盾并建立共识。另外，根据协调的组织模型（P4），模块化的设计原则更容易被选择（P3）。根据文献，“Implementing”流被模块化设计（P3）、优化的组织结构（P4）、综合探索与开发（P1）以及综合业务战略与 IT 战略（P2）等原则所支撑。

表 6.4 系统动力学模型中因果关系的支撑文献

开始因素	结束因素	文　献
AS-is Business/IT elements	To-be Business/IT elements	Chen, 2008; Baker, 2011
AS-is Business/IT elements	P5	Reich, 2000; Baker, 2015
P5	P6	Peppard, 2014
P6	P4	Mitleton-Kelly, 2000; Zhang, 2011

续表

开始因素	结束因素	文　献
P4	P5	Agarwal, 2002; Amarilli, 2017
P4	P3	Tanriverdi, 2010; Amarilli, 2017
P6	P1	Kim, 2005; Zhang, 2011
P6	P2	Peppard, 2014; Baker, 2015
P6	P10	Vidgen, 2006; Rai, 2014
P3	Implementing	Benbya, 2006; Nassim, 2010
P1	Implementing	Peppard, 2003; Vessey, 2013
P2	Implementing	Sandberg, 2014; Kahre, 2017
Implementing	P7	Baker, 2015; Tanriverdi, 2017
P7	P8	Benbya, 2006; Baker, 2015
P8	P9	Amarilli, 2017; Tanriverdi, 2017
P9	P10	Tanriverdi, 2010; Amarilli, 2017
P10	P8	Benbya, 2006 Baker, 2015
P9	Implementing	Amarilli, 2017; Tanriverdi, 2017
To-be Business/IT Elements	AS-is Business/IT Elements	Benbya, 2006; Baker, 2015
Configuration method	Evaluating	El Sawy, 2010; Fiss, 2011

同时，难以预料的偏离因素可能会发生在“Implementing”流中，增加了探测（P7）的难度。预期计划的偏离可以通过两个步骤来缓解：①分析产生这些偏离的根本原因（P8）；②引入实施调整机制，并观察系统的反应（P9）。值得注意的是，对偏离的调整不是强制性的，组织可以选择一个折中的方案以避免产生更多的不适配现象。这些尝试均会积极影响“Implementing”流，并且与 P7、P8 和 P9 组成一个均衡环（“Adapting”），通过合适的机制治理偏离因素。

另外，探测可能的涌现行为（P10）可以通过学习的手段来有效应对未来的情景。根据 Vidgen 和 Rai 的研究，涌现行为（P10）可以通过学习知识预测得到。增加对涌现场景的预测，有助于提高组织内部的复杂性，并且提高根源分析的可能性（P8）。因此，P8、P9 和 P10 组成一个称为“Learning”的均衡环，旨在帮助组织持续探索和治理涌现事件。总之，上述形成的增强环与均衡环像车轮一样驱动“Implementing”运行。

通过“Implementing”流对治理原则的执行，“To-be Business/IT Elements”可能与“As-is Business/IT Elements”不相同，因此需要利用“To-be Business/IT Elements”评估当前组织的性能。如果组织效能表现不好，需要重新调整和实现“As-is Business/IT Elements”。本节考虑使用配置方法来评价组织的性能，配置方法将系统元素看作不同的配置组合，根据整体的集成模式来分析元素的关联、非线性、和离散性；把配置方法运用于系统动力学模型，可以从一个整体的角度分析业务与 IT 的组合方案。另外，由于配置方法可以评估组合方案中各个元素的重要性，可以更新“As-is Business/IT Elements”中的元素。基于该方法，“Implementing”流和“Evaluating”流组成反馈环，持续调整“As-is Business/IT Elements”和“To-be Business/IT Elements”的容量，解释了业务与 IT 交互的演化动力学现象。

总之，上述系统动力学模型描述了业务与 IT 元素之间多层次、多向、非线性以及反馈的关系，并且通过驯服未预期的偏离来实现涌现适应性。该模型便于预先感知偏离、引入合适的策略以及评估演化结果。该模型的构建与描述也说明了 BITC 治理原则在体系结构演化过程中的作用，为面向体系结构的 BITC 研究提供理论支撑。

6.4　BITC 实现框架

根据上述 BITC 研究挑战，在解决 BITC 问题过程中需要不断捕获体系变化，不仅需要上述体系结构方法进行适配的顶层规划，而且需要控制 BITC 个体行为因素带来的不确定性，也就是常说的自顶向下的合理规划与自底向上的涌现引导的结合。本书提出 BITC 的实现过程框架如图 6.3 所示。

在体系运行过程中，可能会遇到一阶变化或者二阶变化。参考研究文献，一阶变化（First Order Change）是指较为平缓、易于识别的变化；二阶变化（Second Order Change）是指革命性的、突发性的变化。这两种变化反映了不同程度的体系复杂性。为了应对复杂性较低的一阶变化，可在体系结构数据元模型中考虑人因相关的数据要素，建立人因数据元模型与描述模型，以自顶向下的途径实现复杂度较低场景下的 BITA。为应对复杂性较高的二阶变化，可以采用 ABM 方法对个体行为准则进行建模，通过对 BITA 演化原则的验证，分析 BITA 的动态演化机制，以自底向上的途径对 BITA 进行演化控制。针对不同复杂度场景，需要面向不同阶段体系结构数据，结合人因数据元模型与描述模型，借鉴 BITA 成熟度模型，对 BITA 进行动态度量（类似于第 3 章的内容）。

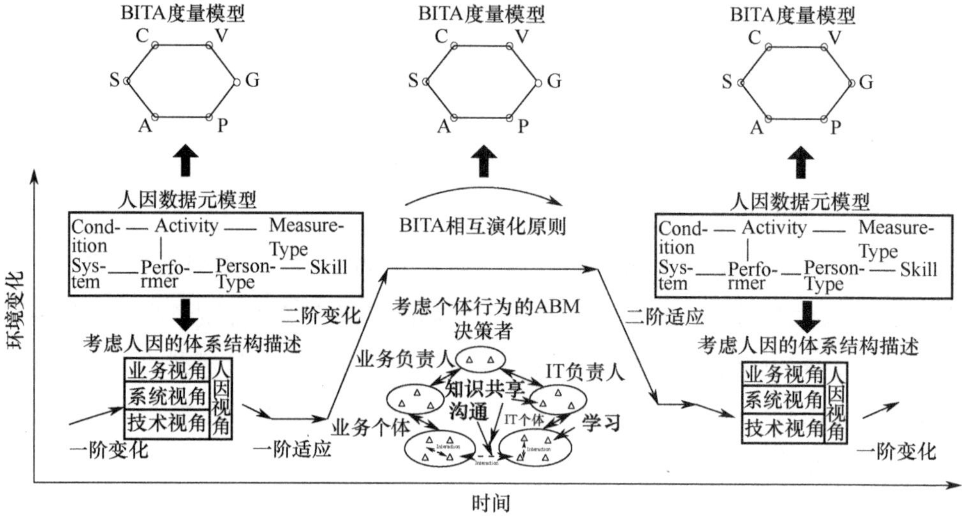

图 6.3　实现框架

6.5　小结

本章综述分析了 BITA 的前沿研究 BITC 问题的现状，主要从环境变化、组织变化、BITC 流程以及组织效能效果等方面展开。对 BITC 原则的研究是解决 BITC 问题的关键。本章进一步采用系统动力学方法梳理 BITC 相关原则之间的相互关系，说明了演化原则在 BITC 流程中所起的作用。根据研究需求，本章提出了 BITC 的实现框架，提出了基于人因视角的体系规划以及基于个体行为的涌现引导的结合，旨在持续实现 BITC。该框架为领域前沿研究提出了思路途经。

第7章 基于体系结构人因视角的BITC实现

针对第6章提出的复杂性较高场景下的BITA问题，如何实现BITC呢？研究人员公认的方法，是自顶向下体系规划以及自底向上对底层行为的管控的结合。前面介绍了采用体系结构方法进行的顶层规划，主要注重了面向资源分配的体系适配问题，以及可持续的BITA度量，但是缺乏在顶层对人因的考虑，也就是体系结构中人的因素如何体现在BITA实现过程中，这里面一定包含着人因的相关描述模型以及开发过程。这是本章重点阐述的问题。而对于自底向上的行为控制而言，应该基于更加细粒度的模型进行建模与实验，这是第8章需要重点关注的问题。

7.1 问题提出

根据第6章的论述，由于人因带来的涌现复杂性和不确定性，动态实现BITA越发困难。在体系运行过程中，个体行为和人员惰性等不确定性因素使可持续BITA越发难以实现。

目前，已经有研究学者开始重视体系结构研究中人因视角开发的重要性。不同于体系结构的其他视角，人因视角需要描述与人相关的体系要素以及人员因素给系统设计带来的影响。当前，一般的体系结构框架很难捕捉以人为中心的设计内容，在体系结构框架中引入人因视角有助于更加合理地自顶向下规划体系结构，并且为自底向上的人员行为控制提供指导。

通过上述解释，为了在体系结构设计阶段处理人为因素并实现BITA，有必要考虑人的因素在体系结构框架中的应用，并探讨其在BITA演化过程中的影响。本章主要从两个方面进行论述：首先，介绍一种将体系结构框架和人因相结合的新的视角，旨在解决体系结构设计阶段的 BITA 问题；然后，通过构建人因相关元模型和适配演化模型，描述 BITA 的动态适配以及在体系演化中的作用。

7.2 体系结构人因视角概念与描述

人因视角使人们能够了解体系结构中的人员角色，捕捉人员行为。通过提供从工程界到人力、培训和人为因素的结构化链接，为利益相关方的决策提供了基础。体系结构框架定义了用于开发、表示和集成体系结构描述的通用方法。框架的应用使利益相关方可以更有效地为构建可互操作的系统和管理相关的复杂性。然而，当前大多数体系结构框架未能捕捉到确保以人为操作和维护的系统的有效性，也就是人因设计内容。例如，TOGAF 和 DoDAF 描述了执行者及其角色和目标，但很少解释与人相关的结构和约束。

北约体系结构框架提供了一个人因观点，可以对人力资源及其在架构演进中的应用进行建模。北约体系结构人因视角的目的是捕捉与人相关的要求以及人与系统其他元素交互的方式，可以用作辅助设计系统，也可以用于回答有关已创建系统的相关问题。表 7.1 中列出了北约体系结构框架人因视角的模型、说明和内容。

表 7.1 北约体系结构人因视角的模型、说明和内容

模　型	描　述	内　容
HV-A: Concept	一个关于人因组件的概念化的高层描述	• 图形描述 • 文本描述
HV-B: Constraints	关于能力和人因约束的表示	• 人力资源 • 职业生涯 • 建立库存 • 健康危害
HV-C: Functions	与人相关的活动和任务清单	• 功能集合 • 执行任务准则 • 任务与角色映射矩阵

续表

模　型	描　述	内　容
HV-D: Roles	人与系统交互的角色	• 责任感 • 权威性 • 能力
HV-E: Human Network	人与人沟通模式	• 小组描述 • 沟通类型 • 小组性能
HV-F: Training	需要的教育或训练	• 当前训练资源 • 未来训练需求
HV-G: Metrics	人因相关的价值、优先级和度量	• 人因性能度量 • 功能与度量的映射 • 目标价值
HV-H: Human Dynamics	上述定义的人因系统组件的动力学特性	• 状态变化 • 触发事件 • 性能度量

体系结构作为一种规划复杂系统的方法工具，有助于组织复杂的内容、建立关联关系、形成有效的设计流程。与体系结构对 BITA 的支撑不同，BITC 更加关注人员的不确定性作用，使适配问题变得更加复杂。妥善处理人员关系、进行有效的管理和控制，有助于更好实现 BITC。在体系结构层面合理规划人员角色、关系、接口等内容，有助于为人员行为提供演化的准则。因此，研究面向体系结构的 BITC 是非常有意义的。

目前关于体系结构的研究越来越强调人因的影响，如图 7.1 所示。人因视图可作为一个单独的体系结构视图，与其他常用的视图（如业务视图、系统视图、服务视图、技术视图）建立联系。人因视图可以包含以下内容：体系结构中人员因素的高层次概念性描述；体系涉及的角色、组成以及角色之间的关系；维持体系运转的人员数量、当前已有人员数量、人员未来的变化情况等；体系全寿命周期中与人相关的活动，明确活动的分解、依赖关系以及完成活动的人员角色；人员与操作的系统、服务、技术组件等的接口关系。抽取体系结构中的人员内容，并对人员行为进行管理，有助于体系结构的转型以及对 BITC 过程的管理。

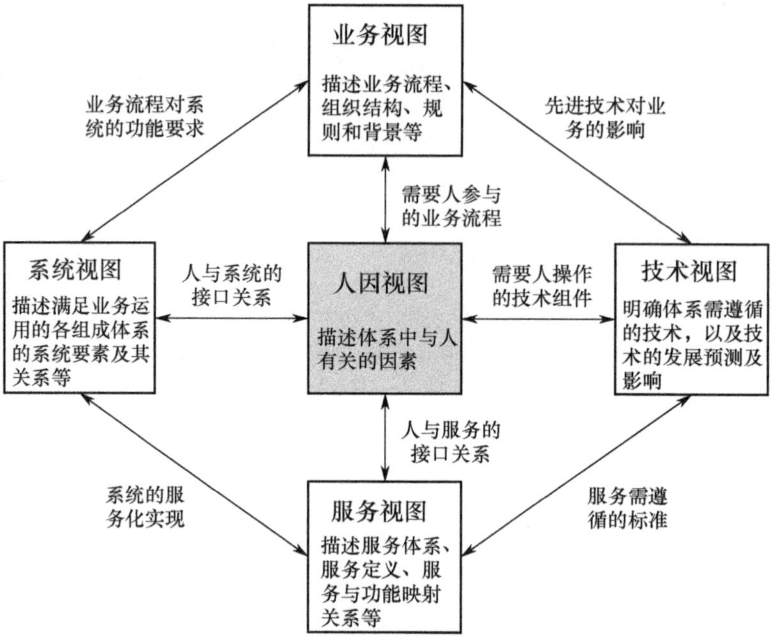

图 7.1　体系结构框架的人因视图

7.3　与 BITC 相关的人因视角描述模型

7.3.1　框架与元模型

人因视角旨在梳理体系结构中与人员角色相关的因素，通过提供活动、人事、培训、人员特性等方面的内容，为 BITA 实现提供支撑。目前，大多数体系结构框架未能解释以人为中心的设计过程。例如，常用的 TOGAF 框架和 DoDAF 框架均描述了执行者及其角色和目标，但很少解释人因对体系结构设计的影响。

DoDAF2.0 提出一套顶层的体系结构开发指导原则与实践方法，是目前政府部门广泛运用的框架。DoDAF 2.0 的数据元模型 DM2 提供了包含能力、活动、系统、服务、技术等诸多设计要素种类为一体的数据框架，为体系结构开发提供支撑。通过对 DM2 进行裁剪，基于人因视角的 DoDAF 数据元模型如

图 7.2 所示，其中：DM2 的能力实体表示对人员能力的高层描述；DM2 的条件实体表示人员能力与限制的描述；DM2 的活动实体表示人员相关的活动与任务。值得注意的是，尽管 DM2 涉及人因相关要素，但 DoDAF 2.0 缺少完整的人因视角与描述模型。

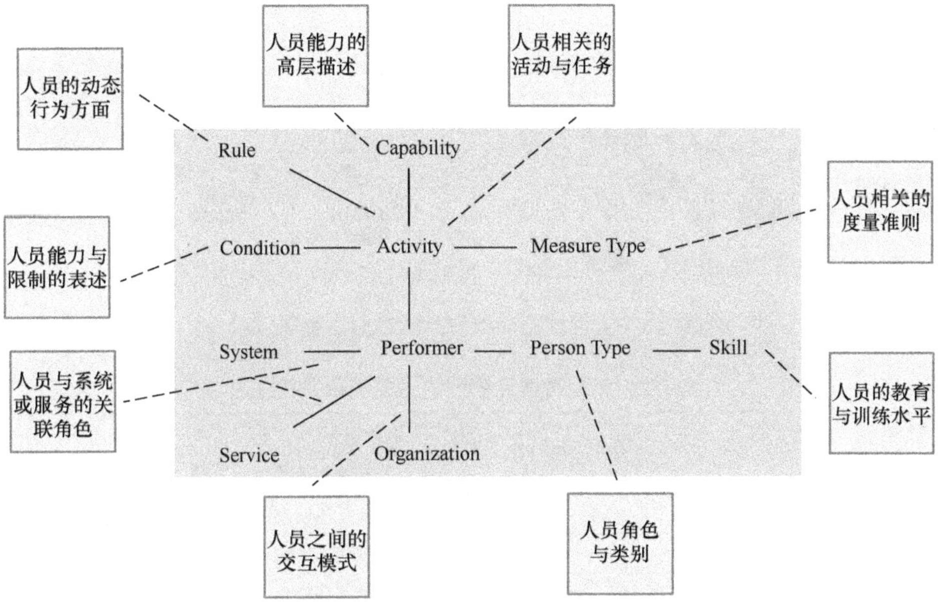

图 7.2　DM2 中与人因相关的数据实体

上述人因数据元模型既可以通过描述不同人员之间的交互来实现人因层面的 BITA，也可以通过人员对活动、系统、服务等要素的操控实现结构层面的 BITA。

根据对当前 BITA 适配偏离分析（Misalignment Analysis）的研究，内外部环境变化可以引起数据元模型不同实体间的适配偏离。针对上述人因数据元模型，图 7.3 和表 7.2 列举了可能发生的适配偏离场景。例如，外部环境变化使业务流程的目标和责任变得不明确（S01），会导致业务能力与 IT 能力之间的适配偏离；动态变化的业务目标会导致缺少支撑业务活动的执行者（S05）；业务与 IT 执行者如果没有参与对方的组织结构，可能会导致业务结构与 IT 结构的不一致（S10）。这些适配偏离场景反映为数据元模型中不同实体之间的映射偏离。通过对不同数据实体以及实体关系适配偏离场景的挖掘，可以进一步确定需要开发的人因描述模型，并确定描述模型的开发顺序。

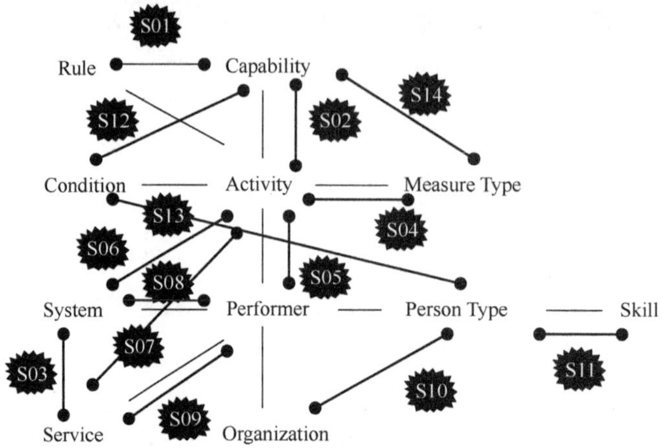

图 7.3　人因数据元模型的适配偏离特征表示

表 7.2　人因数据元模型的适配偏离特征描述

ID	适配偏离场景描述
S01	业务流程的使命目标和责任不明确
S02	业务与信息系统的责任不明确
S03	系统和服务之间的映射不清晰
S04	缺乏支撑度量适配的必要信息
S05	缺乏支撑日常活动的执行者信息
S06	系统和活动之间的关系是缺乏的、不充分的或者多重的
S07	服务和活动之间的关系是缺乏的、不充分的或者多重的
S08	系统缺乏执行者控制
S09	服务缺乏执行者控制
S10	业务与信息系统的执行者没有参与到信息系统和业务对应的组织中
S11	业务与信息系统的执行者没有接受相关的训练
S12	实现使命任务的准则不明确
S13	执行活动的条件不明确
S14	缺乏度量适配的必要能力

7.3.2　描述模型

可能的描述模型集合以及名称、介绍、视角、人因数据如表 7.3 所列。与人因相关的 DoDAF2.0 描述模型包括 OV-1、OV-2、OV-4、OV-5、SV-1、SV-4、SV-7、SV-9、SvcV-1、SvcV-4、SvcV-7、SvcV-9。需要新建的描述模型可能包括人力预测模型（HV-1），描述基于当前或者未来使命任务的人力需求预测；职业发展模型（HV-2），描述职业需要的技能以及知识；编制清单模型（HV-3），描述组织包含的工作以及对应的编制；人员特性模型（HV-4），描述不同业务条件下的人员能力以及约束；治理原则模型（HV-5），描述体系演化过程中为保证 BITA 成熟度的治理原则。

表 7.3　与人因视角相关的描述模型集合

描述模型 ID	描述模型名称	描述模型介绍	视　角	人因数据
OV-1	高级业务概念图	描述体系结构的运行场景	业务视角	包含组织人员交互的总体描述
OV-2	业务资源流描述	描述业务节点之间的关联关系	业务视角	业务节点的执行者，以及执行者之间的通信关系
OV-4	组织结构描述	描述包含不同层次执行者的组织结构	业务视角	组织结构中执行者的上、下级以及协作关系
OV-5	业务活动图	描述业务活动的分解以及流程关系	业务视角	执行业务活动的执行者
SV-1	系统接口描述	描述系统之间以及操作系统的执行者之间的关联关系	系统视角	系统执行者之间的关联关系
SV-4	系统功能描述	描述系统功能之间的分解关系	系统视角	系统执行者完成的系统功能
SV-7	系统度量矩阵	描述系统在一定阶段的度量结果	系统视角	关于系统执行者的度量结果
SV-9	系统技术和技能预测	对系统发展进行的预测	系统视角	系统执行者的训练数据
SvcV-1	服务接口描述	描述服务之间以及操作服务的执行者之间的关联关系	服务视角	服务执行者之间的关联关系

续表

描述模型 ID	描述模型名称	描述模型介绍	视　角	人因数据
SvcV-4	服务功能描述	描述服务功能之间的分解关系	服务视角	服务执行者完成的服务功能
SvcV-7	服务度量矩阵	描述服务在一定阶段的度量结果	服务视角	关于服务执行者的度量结果
SvcV-9	服务技术和技能预测	对服务发展进行的预测	服务视角	服务执行者的训练数据
HV-1	人力预测	完成当前或者未来使命任务的人力需求预测	人因视角	人力需求数据
HV-2	职业发展	描述职业需要的技能以及知识	人因视角	技能知识数据
HV-3	编制清单	描述当前企业包含的工作以及对应的编制	人因视角	编制数据
HV-4	人员特性	描述不同业务条件下的人员能力以及约束	人因视角	人员的能力以及限制数据
HV-5	治理原则	描述体系演化过程中为保证 BITA 层次的治理原则	人因视角	人员的治理原则数据

7.3.3 开发顺序

根据人因数据元模型中定义的数据关系，以及上述适配偏离特征，可以进一步确定描述模型的开发顺序，如图 7.4 所示，黑色箭头表示模型开发顺序。例如：OV-5 中需要明确的活动集合以及活动的执行人员可以在高级业务概念图（OV-1）中得到支撑；HV-4 中需要确定的人员特性可以在 OV-5 中确定的所有活动执行折的基础上进行细化。虚线箭头表示数据追溯关系，可以用来验证前后数据的一致性。例如：服务功能（SvcV-4）的确定需要与业务活动（OV-5）进行对应，检验任务是否得到对应的分解；系统功能（SV-4）的确定需要与业务活动（OV-5）进行对应，检验任务是否得到对应的分解。

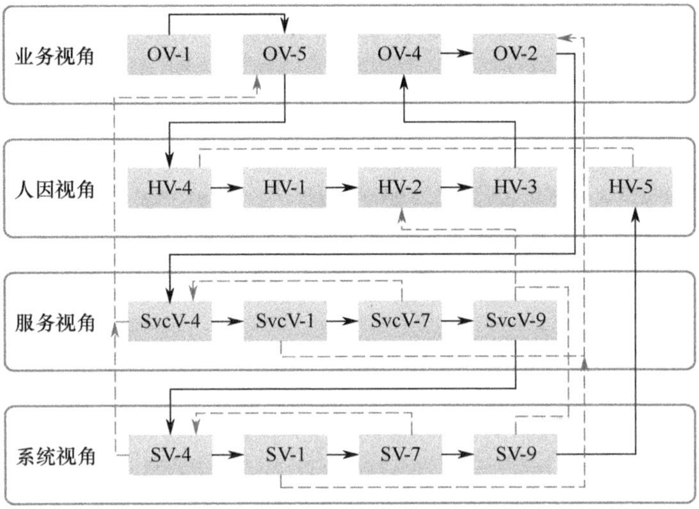

图 7.4　模型开发顺序

因此，基于体系结构人因视角的 BITA 实现技术在体系结构框架中考虑人因数据以及对应的描述模型，旨在更加全面地解决基于体系结构的 BITA 实现问题，从描述 BITA 复杂性、实现良好的人因适配等方面提高体系结构设计阶段 BITA 的实现水平。

7.4　小结

本章介绍了人因适配元模型，并基于元模型开发了对应的适配模型。本章也建议进一步开展人因相关研究。首先，人因视角与其他体系结构视角的关系需要明确，同时确定面向 BITA 的开发流程；其次，基于人因视角的体系结构数据需要被用来评价 BITA 的成熟度；最后，基于人因视角开发成果，自顶向下的合理规划和自底向上的涌现适应机制需要被开发。

第 8 章 基于体系结构演化规则的 BITC 治理

08

8.1 引言

关于体系适配问题的研究包括体系适配模型的构建、体系适配成熟度度量、体系适配机制与原则、体系适配与组织效能的关系、人因适配等。近些年来，基于上述研究成果的体系适配实践遇到难题。由于信息化对体系的冲击，导致市场或军事环境、业务战略需求、IT 的变化越来越频繁，体系动态适配的难度越来越大。应对此类需求时，业务与 IT 执行层面的不确定性越来越高，个体行为变得难以引导与控制。有研究学者质疑，体系适配是否可以有效提高组织效能，并据此提出了理论研究与实践应用两者的“悖论”。

归根结底，信息化时代使体系的复杂性上升到了新的高度（Edge of the Chaos）。这种复杂性不仅包括外部环境带来的体系变更需求，也包括体系个体行为在吸收这些变化时对体系整体行为的非线性作用产生的不确定性。上述非线性与不确定性使研究学者对体系适配的作用产生了质疑，如短时间的不匹配状态仍然可能使提高组织效能（IT 创新对企业产生的非线性影响）。研究学者不再执着于业务与 IT 的紧耦合匹配，而是保证业务与 IT 的相互演化，朝着同一个方向发展；也不再把业务与 IT 进行明确的区分，而是看作一个动态的有机整体，着重考虑体系适配演化过程中的涌现特性。

近些年关于复杂背景下的体系适配研究，倾向于将体系适配问题看作战略层面、结构层面、个体层面相互影响的产物，通过自顶向下的合理规划以及自底向上的涌现引导持续实现体系适配，提高组织效能。但当前此类研究仍处于理论描述阶段，未见合理可行的解决手段。那么，如何引导体系适配过程中的涌现行为，达到自底向上的涌现引导，不仅具有理论创新意义，也具有深刻地实践意义。当前，关于涌现现象的解决途径是复杂系统领域的关键问题。去年诺贝尔物理学奖得主指出跨尺度、跨层次的涌现是复杂系统研究的关键问题。欧洲体系行动路线图（RoadtoSoS）指出管理不断增长的体系复杂性是一个重要的工程化挑战，研究重点在于理解涌现性、探索涌现规律、预测非预期涌现特性、实现预期涌现行为等。

为了更好地达到业务与 IT 的相互演化，使之向着共同的目标前进，应加强对体系适配规则的运用。体系适配规则是指相关文献与项目实践中明确的为应对各种变化所应采用的基本适配原则，如加强知识共享、采用模块化设计等。梳理并合理运用体系运行过程中个体层面的适配规则是自底向上实现体系适配、引导体系涌现的主要途径，并可与传统自顶向下的体系适配规划研究相结合，共同实现复杂背景下的体系适配。

基于上述描述，有两个关键问题需要解决。

（1）如何清晰描述复杂背景下的体系适配规则，便于体系演化过程中复用。通过分析体系适配最新研究趋势，对体系适配规则的挖掘与运用是应对内外部环境变化、实现体系适配的关键。当前体系适配规则碎片化出现在不同的研究文献中，且处于不同的维度。挖掘体系适配规则，重点在于梳理与执行层面个体行为相关的适配规则。采用知识图谱的方法进行体系适配规则的描述，可以更加形象地表示规则和规则之间的管理，为知识的分发和推理提供运用途径。

（2）如何高效选择体系适配规则，便于复杂背景下引导体系适配涌现。目前，研究缺乏体系适配规则的验证，也缺少对体系适配规则选择方式的研究。复杂背景下体系适配规则的运用既可以产生效能，也可能消耗代价。同时，个体层面的体系适配规则有助于引导个体行为，达到体系涌现适配的效果。基于上述知识图谱描述的适配规则，采用智能体仿真方法分析知识运用的相关数据，并且采用多目标优化方法挖掘知识图谱子图，实现体系适配规则方案的快速生成，有助于在体系运行过程中引导体系适配涌现的发生。

本章主要运用上章的体系演化适配规则，验证规则的效用，为自底向上的体系适配涌现提供思路。

8.2 基于ABM的建模方法

纵览 BITA 的研究历史，根据复杂性范围主要包括两种不同的概念体系。第一种概念体系位于秩序范围，是指 BITA 呈现出高度的规则与稳定性。很多研究从这个角度来分析不同类型、不同层次、不同维度的适配。虽然该领域把 BITA 分为静态的和动态的，但是始终把 BITA 看作平衡的、因果确定性的逻辑流程。第二种概念体系位于涌现复杂性范围，表现出高度的多样性、适应性、连接性以及相互依赖关系。处于该领域的适配远离均衡状态，呈现出涌现性、非线性、自组织性、相互演化等特性。

第二种概念体系蕴含的 BITC 与高度的复杂性息息相关，并且超出了传统的 BITA 假设。BITC 把 BITA 看作相互演化的流程，来调解自顶向下的合理控制以及自底向上的涌现适应。不限于目的性的适配规划，BITC 旨在通过不断地适应与学习来协调业务与 IT。根据对研究文献的分析可以发现，当前关于 BITC 的研究多关注于理论层面，在实践研究方面存在不足，主要表现为 BITC 治理原则很少被验证，并且缺乏长期的 BITC 控制和管理流程。为了补充当前的研究，本节旨在通过基于智能体 ABM 方法来测试 3 个重要的 BITC 原则（Mutual-Communication, Knowledge Sharing, 以及 Intelligence）。研究文献广泛解释了这 3 个原则，但很少从涌现复杂性的角度自底向上考虑底层交流、知识共享、学习等行为对整体的影响。作为一个微观的模型，ABM 通过仿真多个智能体之间的交互和操作来重建或者预测复杂行为。ABM 倾向于在个体层次描述行为，并且通过个体行为的积累效应来预测组织整体的行为。因此，ABM 可以有效捕捉 BITC 的涌现适应性特征。本节 ABM 模型的构建是基于体系结构中的组织结构模型。

8.2.1　ABM 理论基础

作为复杂性科学的分支，复杂适应性系统（Complex Adaptive System，CAS）提供了重新思考复杂系统的方式，系统随着个体确定的准则运行并产生交互。CAS 作为组织产生涌现复杂性的媒介，通过个体之间的非线性交互，使整体的行为不同于个体行为之和。由于每一个个体不同于其他个体，并且个体的性能依赖于其他个体和系统本身，CAS 呈现出多样性。同时，CAS 通过个体行为交互的结果来达到自组织的目的。CAS 位于秩序区域与混乱区域之间，通过涌现过程来形成秩序。当前，CAS 理论已经广泛应用于组织和信息系统领域。

目前，研究学者普遍认为 BITA 问题已经呈现出 CAS 的特征。由于组织不断面临动态的业务环境变化、数字化 IT 创新以及越来越复杂的交互关系，导致组织的 BITA 问题越来越难以解决，多种类型的不确定性和非线性强加在传统的适配问题上。例如，自底向上的涌现行为使组织变得很难被管理。面对复杂的难以预料的变化，BITA 秩序的创建比传统适配情况更加复杂。相互演化是一个主要的秩序创建机制，旨在捕获组织的适应区间并且寻找舒适的演化状态。BITC 形成了一个调和自顶向下合理设计与自底向上涌现适应的演化流程，关联了业务与 IT 之间的所有关系，实现组织整体性能。与自然选择流程以及动态能力流程类似，相互演化理论可以帮助解释如何创建长期的 BITA 轨迹，并且根据具体的原则创建秩序。

从个体行为的角度探索复杂适应性系统的整体效果，有助于捕获与控制复杂现象。CAS 理论主要依赖于 3 个关键的概念来解释非线性因果性：智能体（Agent）、交互（Interaction）以及环境（Environment）。具体而言，Agent 在环境中展现自己的行为，并根据环境的反应持续配置自己的行为。ABM 正是这样一个模型，它要求每一个 Agent 呈现随机的、非线性的状态，通过对 Agent 行为以及之间的交互来评估整体系统的效果。

目前，已经有文献考虑把 ABM 运用于业务与 IT 适配的相互演化过程中。例如，Merali 关注于解释 Agent 的交互如何产生相互演化现象，并指出 ABM

在描述底层行为方面拥有先天优势。由于组织就是由 Agent 的交互组成的，一些研究学者认为 ABM 是一个理解、验证以及重新定义组织演化过程的方法。另外，一个基于 Agent 的框架被提出来确定实现相互演化以及组织效能的机制原则。

目前还没有文献开发具体的 ABM 来试验 BITC。为验证之前的理论成果，本节开发一个 ABM 来验证 3 个重要的相互演化原则。该 ABM 开发符合当前基于 Agent 建模的一般需求，其分布式结构、相互协同均会体现在下一节模型开发中。原则将在 8.2.2 进行解释。构建的 ABM 主要描述环境的变化对 Agent 行为规则以及对组织效能的影响，并通过追踪 BITC 原则对个体行为的影响，可以为整体的 BITC 过程提供支撑。

8.2.2 演化原则确定

基于 CAS 理论，本节通过映射 BITC 原则（Mutual-Communication, Knowledge Sharing, Intelligence）与 CAS 概念（一个层次型的组织结构）来构建假设条件。

1）Mutual-Communication

Mutual-Communication 根据不同的通信手段来交换业务域与 IT 域之间的主意、信息以及知识。目前已有充分多的证据说明 Mutual-Communication 可以促进实现一个更好的适配关系。正如 Peppard 所言，Mutual-Communication 对开发个体之间的相互关系是非常必要的，并对知识分享与协同有积极的影响。该原则在 BITA 研究的成熟度度量、社会适配、可持续分析等领域均有涉及。另外，Mutual-Communication 也被认为是组织接受涌现复杂性的有效手段。首先，频繁的相互交流有助于减少人员的惰性；其次，根据相互交流形成的知识储备，Agent 更容易接受外部的变化；最后，多种多样的内部变化，如难以预料的偏离、错误、重要的局限性，均可以通过相互交流活动被感知。因此，Mutual-Communication 可以有效促进预期适配向可实现的适配的转化。然而，虽然研究学者认识到 Mutual-Communication 在组织演化中的重要性，但是由于清晰发送和准确接收等风险因素的影响，在实践中实现 Mutual-Communication

往往是比较困难的。

本书主要采用一个层次型的组织结构来验证 BITC 原则，假设该组织包含决策者、业务与 IT 负责人以及业务与 IT 个体，并且组织可以通过层次之间的上报和下达命令来识别和处理变化，如图 8.1 的粗线所示。初始情况下，假设业务域的负责人层次和个体层次与 IT 域的负责人层次和个体层次之间的 Mutual-Communication 没有呈现较大的概率，不充分的 Mutual-Communication 可能导致一个较慢的 BITC 流程。相反地，加强 Mutual-Communication 有利于在组织内部散播与变化相关的信息，并且高效实现业务与 IT 的相互演化，如图 8.1 中的 P1 所示。

Proposition 1（P1）是指加强组织中业务域与 IT 域之间的 Mutual-Communication 有助于吸收动态变化，实现 BITC 流程。

2）Knowledge Sharing

对于当前的组织，知识是组织维持竞争优势的固有财富。Knowledge Sharing 是知识通过交互行为在不同个体之间传播的活动，它比 Mutual-Communication 行为更具有目的性。该机制同样适用于传统的适配场景以及相互演化场景。Reich 与 Benbasat 识别出 Knowledge Sharing 是可持续适配的前提条件。Kearns 解释了 Knowledge Sharing 行为如何在个体之间建立信任，并且为组织建立竞争优势。类似于 Mutual-Communication 原则，Knowledge Sharing 原则可以感知难以预料的变化，适用于组织架构的转型。Agent 同样可以通过 Knowledge Sharing 行为建立共识。但是，实践中的 Knowledge Sharing 行为存在较大的挑战，原因在于一些 Agent 抵抗与其余的组织 Agent 共享知识，或者在分享知识过程中存在惰性。

组织的 Knowledge Sharing 行为存在两种不同的形式：通过个体之间的相互交流分享知识或者是通过数据库吸收知识。个体之间的共享是指面对面的交流，而数据库的共享是指通过数据库、论坛、百科等平台的知识获取行为。根据图 8.1 中描述的层次化组织，Knowledge Sharing 行为可能发生在每一个单独的域或者不同的域之间，可以帮助个体从知识库中获取知识，如图 8.1 中的 P2

所示，或者基于 Mutual-Communication 行为传递知识，如图 8.1 中的 P3 所示。

Proposition 2 (P2)是指基于数据库的 Knowledge Sharing 活动有助于吸收动态变化，实现 BITC 流程。

Proposition 3 (P3)是指基于相互交流的 Knowledge Sharing 活动有助于吸收动态变化，实现 BITC 流程。

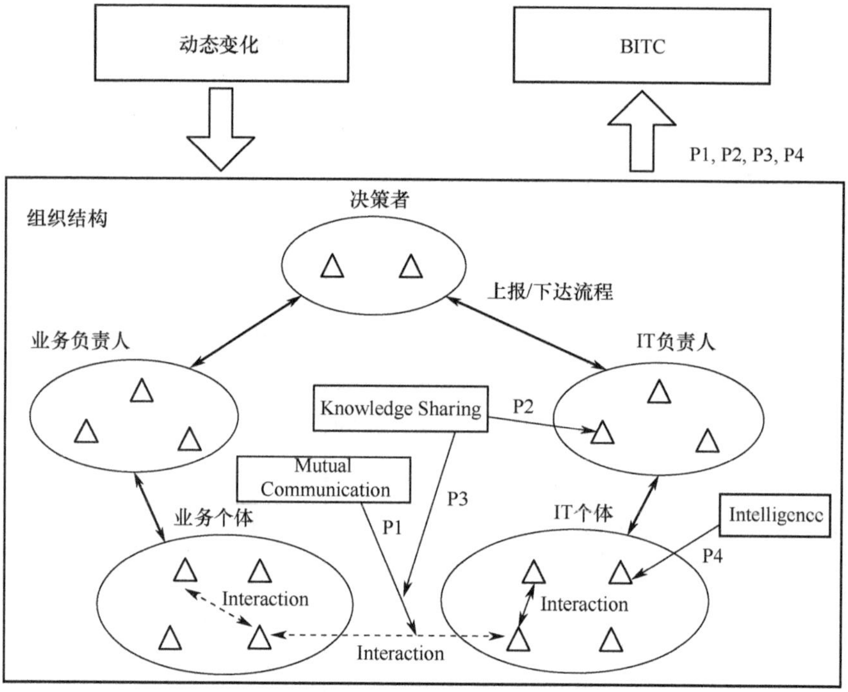

图 8.1 基于 ABM 的组织结构描述

3）Intelligence

Intelligence 是指 Agent 根据外部的信息，预先感知变化的能力。它是捕获不确定场景的必要的原则。如 Nan 所说，增加公司的 Intelligence 有助于减少组织的不确定性、增加敏捷性。Intelligence 同样可以增加组织的内部复杂性，促进未来的变化速率。每一个 Agent 均可以从外部环境中获取知识，并且帮助整体组织感知适合组织的位置，并且采用及时可行的战略。

Intelligence 能力在本节被表述为学习活动，通过感知外部的变化并且不断地学习，一个 Agent 可以增加它本身的可吸收能力，更容易接受变化。该能力可以发生在组织的任何层次与域，如图 8.1 的 P4 所示。

Proposition 4 (P4)是指通过学习的方法鼓励 Intelligence 能力有助于组织吸收动态变化，实现 BITC 流程。

8.3 ABM 开发

ABM 开发可采用数字串来表达个体的行为。Nan 等认为利用数字串的方法描述个体是一个很好的方法。图 8.1 表达了 ABM 模型包含的关键组件，接下来会详细解释。

8.3.1 环境

目前，组织运行在一个充满数字化 IT 的世界。无处不在的数字化创新（如组件化创新与架构创新）颠覆性地改变了产品和服务的本质，推翻了传统关于合作关系、供应链以及组织间协同的假设，使整体的业务和 IT 环境变得动荡且难以预料。基于这样的外在环境，非线性变化可能发生在组织的任何层面，本节直接描述变化对组织的影响，把多层次的可能变化直接输入到模型中。为分析变化对 Agent 的影响，通常认为变化会为 Agent 提供新的知识集，并且每一个变化直接影响的 Agent 都会变更自己的知识集。在本节中，假定每一个变化可以带来 1 个知识集（包含 5 个知识点），并要求该知识集在整个组织中传播，并且逐渐被其他 Agent 接受，在此过程中实现业务与 IT 的相互演化。

8.3.2 Agent（智能体）

本节把层次化组织结构包含的决策者、业务/IT 负责人、业务/IT 个体均作为 Agent。不失一般性，本节假设组织结构包含 1 个决策者、10 个业务负责人、10 个 IT 负责人、50 个业务个体以及 50 个 IT 个体。同时，本节把每一区域（如业务负责人域、业务个体域等）分为 3 个小组，认为业务个体或者 IT 个体所属的组别分别由对应组别中的业务负责人或者 IT 负责人所管理。为了反映变化对 Agent 的影响，假设每一个 Agent 的属性均由它对所有变化的理解程度组成。例如，如果存在一个变化发生在业务个体层，那么该变化作用的某个业务 Agent 的属性可能为[1 1 1 1 1]，其他 Agent 关于该变化的属性为[0 0 0 0 0]，其中：0 代表该 Agent 没有领会对应的知识点；而 1 代表相反的情况。本节假设将会存在 5 个变化发生在组织结构对应的 5 个领域，因此，每一个 Agent 的属性长度应为 25。根据上述解释，Agent、小组、变化的个数，以及知识集的长度，均通过敏感性分析方法进行了验证，这些数据并不完全代表实际情况，而是对现实的抽象反应。图 8-2 给出了 Agent 关于变化的知识集。

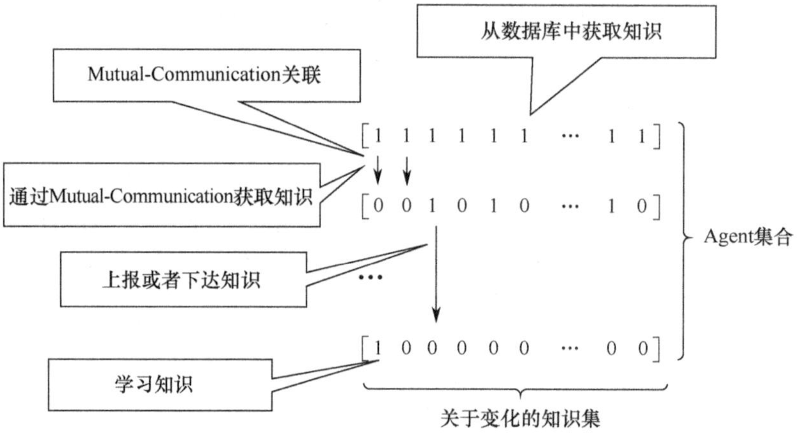

图 8.2 Agent 关于变化的知识集

8.3.3 行为准则

通过保存或者改变数字串中知识点值的方式，行为准则可以影响 Agent 对变化的理解程度。本节主要考虑 Agent 吸收组织中知识点的 5 个行为准则，其中涉及的数据已经通过敏感度分析方法进行了验证。

第一个行为准则是指 Agent 之间的相互交流行为。在任意时刻，一个 Agent 可以选择交流伙伴，并且通过相互交流的方式，向交流伙伴传递知识（数值为 1 的知识点），或者接收一些对方知道的知识。如果不考虑 P1 和 P3

的影响，本节认为在同一个组内的 Agent 进行相互交流并且获取知识的概率（p=0.8）要大于在同一个域内但是不同组的 Agent 之间的获取知识的概率（p=0.4），并且进一步大于不同域的 Agent 之间的知识获取概率（p=0.1）。但是，如果组织鼓励相互交流行为（P1），那么不同域之间的知识交换概率会增加。另外，考虑路径依赖因素，如果两个 Agent 在之前时刻成功交换过知识，那么接下来进行知识交换的概率会增加 0.1（不能超过 1）；相反地，如果之前时刻交换知识失败，那么下一次进行知识交换的概率会降低 0.1。

第二个行为准则是 Agent 从数据库中获取知识。本节假设每一个 Agent 初始从数据库中获取知识的概率为 0.1，但是如果组织鼓励基于知识库的知识共享行为（P2），这个概率则会上升。与第一个行为准则相似，Agent 每一次成功的知识获取均会增加下一次的知识获取概率，反之会降低概率。

第三个行为准则是 Agent 从外部信息中学习知识。根据突发事件、政策、市场变化等外部信息，Agent 存在一定概率可以学习到其他域的知识，而不是通过交流或知识分享的行为。外部的信息是一些非刻意地通过观察或者意外发现得到的信息。本节假设 Agent 通过学习的知识采集概率为 0.1，但是会随着 P4 的增强而提高。知识采集概率同样会随着之前的行为记录而发生变化。

其他两项行为准则是上报行为和下达行为。上报行为是指 Agent 把知识点上报给上一级的 Agent，该行为发生的前提是当较低层内的某一组 Agent 均掌握了某个变化带来的知识集后，会把这个知识集上报给上层对应组的 Agent。例如，如果某个变化作用在一个业务个体上，那么只有在经过一定时间后该业务个体所属的组全部吸收了该变化，该变化带来的知识集才会上报给管理该业务组的上层业务组。另外，下达行为是指上层 Agent 下达知识集给下层对应组的所有 Agent 成员，前提是这项知识集已经被上层组的所有成员吸收。值得注意的是，由于惰性的存在，下层 Agent 对上层下达的指令的接受程度不尽相同，而之前时刻通过其他行为准则获得过关于该变化的知识点的 Agent 会更容易接受下达的指令。

8.3.4 性能结果

性能结果是 ABM 仿真的主要输出，本节认为性能结果的复杂性可以由变化带来的知识集在整个组织的分布进行衡量。为了完整的体现性能，从 3 个角度引入度量指标。

第一个指标为 Misalignment，是指业务与 IT 的不适配程度[55-56]。研究学者认为组织追求 BITA 的过程会不断产生 Misalignment，并且较高的 Misalignment 状态会对组织效能产生消极影响。根据本章构建的 ABM 模型，Misalignment 是指组织业务域与 IT 域整体的知识差异，类似于传统 BITA 中的调节方法，该指标的计算方法如下式所示：

$$\text{Misalignment} = \sqrt{\sum_{i=1}^{5n}\left(\left(\sum_{j=1}^{60} B_{ij}\right)\Big/60 - \left(\sum_{k=1}^{60} IS_{ik}\right)\Big/60\right)^2} \tag{8-1}$$

式中：n 为变化的数量；60 为指业务域或者 IT 域的 Agent 的数目。

根据涌现复杂性的概念内涵，组织呈现较高的 Misalignment 并不一定意味着组织效能的降低，有可能是相反的情况。Baker 指出实践者应该注意创新等行为带来的积极效应，即使可能导致暂时的 Misalignment。根据该场景，假设变化对组织带来的影响（如 IT 创新）会产生一个性能提高曲线，随着变化的输入，组织效能会暂时升高，然后趋于平稳，因此引入一个典型的增长曲线公式。考虑上述的 Misalignment 因素，那么 Misalignment 状态仍然会影响上升曲线，这里把第二个指标定义为 Adaptation，表达了组织对外部变化的适应能力。根据式（8-2），分子表达了依赖于变化数目的性能增长曲线，T 是指仿真的当前时刻，并且由于 Misalignment 值可能为 0，分母考虑 Misalignment 的指数形式，即

$$\text{Adaptation} = \left(\frac{5n}{1+10\mathrm{e}^{-0.5\mathrm{T}}}\right)\Big/\mathrm{e}^{\text{Misalignment}} \tag{8-2}$$

第三个指标考虑组织演化过程中消耗的代价。根据以前的研究，代价因素在动态 BITA 领域得到了较少的关注。由于组织中知识的传输是以各种代价的消耗作为支撑的，如媒体、打印、劳动力等，因此每项行为准则的执行均可以产生代价。本假设指令上报和下达产生的代价（cost=20）大于其他 3 项行为准则。关于相互交流准则，假定同一个组内的交流代价（cost=1）小于同一个域

内的交流代价（cost=2），并且小于不同域之间的交流代价（cost=4）。同时，知识共享的代价（cost=1）低于知识学习的代价（cost=3）。对代价的假定均通过敏感度测试方法进行了验证。因此，整体的代价可以通过知识在组织内的散布过程得到统计。根据对代价的衡量，组织会约束对治理原则的采用。

8.4 ABM 运行分析

8.4.1 仿真周期

假设所有的人员 Agent 在仿真开始的时刻被创建，每个人员 Agent 的识别码与组识别码被随机的指定，并且人员 Agent 的初始属性知识集会根据输入的变化数目以及变化关系所确定，那么，一次的业务/信息技术相互演化过程可能会占用几百个仿真时刻，直到所有的变化被组织完全的吸收。每一个仿真时刻主要包括 4 个具体的步骤。

步骤 1：判断环境是否有新的变化产生，用于动态确定所有人员 Agent 的属性知识集。

步骤 2：随机执行人员 Agent 的相互交流行为、知识分享行为、与学习感知行为，便于知识集的动态交互。

步骤 3：判断人员 Agent 是否需要执行指令上报行为与下达行为，认为当某一个组完全吸收了某一变化时，表现为该组内所有成员关于该变化的对应位置的属性均为 1，则此刻该组的成员可以执行指令上报行为与下达行为，一次性传递关于该变化的多个知识点，并且该行为可以多次执行，直到关于变化的知识点全部上报或者下达。

步骤 4：计算组织效能包括的业务/信息技术不适配程度、适应性、与消耗代价指标。

根据以上 4 个步骤的执行，可以得到组织效能随仿真时刻变化的路径。仿真的伪代码如下（采用 Netlogo 语言编写）：

```
Let the model user set parameters
    \\负责模型的主要输入
    Setup {
    \\模型的静态设置
        Setup-patches
        Setup-Agents
    }
    Setup-patches {
    \\设置执行面板的颜色，由于区分不同的层次以及层次之间的关系
        Ask each patch [Set color]
    }
    Setup-Agents{
    \\根据输入的参数创建 Agent，设置组识别码，以及确定初始知识集以及相关概率
        Create Agents [
            Set x-coordinate
            Set y-coordinate
            Set color
            Set group number
            Set knowledge set
            Set percentage set of mutual communication
            Set percentage of knowledge sharing
            Set percentage of knowledge sensing ]
    }
    Run one tick of the model clock {
    \\每一次仿真时刻，分别执行所述的 4 个步骤
        Clear-links
        If (new changes != 0) [ Ask each Agent [Set knowledge set]]
            For each change [ Ask each Agent [Random Mutual communication,
                            Knowledge sharing,
                            Knowledge sensing ]
                            Report
                            Command ]
        Fitness
    }
    Mutual communication {
    \\执行相互交流行为，根据概率选择需要交流的 Agent，并且确定可以成功交换知识
      的可能性，进而确定之后的相互交流概率以及产生的代价
```

```
        Ask each change [Choose first Agent with knowledge = 1
                        Choose second Agent with knowledge = 0 and Random overall
                         percentage of mutual communication ]
        If (Random 100 < percentage of mutual communication) [
            Ask second Agent [knowledge = 1]
            Ask first Agent [percentage of mutual communication + 1]
            If (first Agent and second Agent are in the same group) [
                Set cost cost + cost of mutual communication in the same group ]
            If (first Agent and second Agent are in the same domain) [
                Set cost cost + cost of mutual communication in different groups ]
            If (first Agent and second Agent are in the different domains) [
                Set cost cost + cost of mutual communication in different domains ]
            Else [Ask first Agent [
                    percentage of mutual communication = percentage of mutual
                    communication - 1]]
}
Knowledge sharing {
\\执行知识分享行为，根据概率确定成功获得知识的可能性，并进一步影响之后的
 知识分享概率以及消耗的代价
    Ask each change [Choose one Agent with knowledge = 0 and Random overall
                     percentage of knowledge sharing]
    If (Random 100 < percentage of knowledge sharing) [
        Ask one Agent [knowledge = 1]
        Ask one Agent [
            percentage of knowledge sharing = percentage of knowledge sharing + 1]
        Set cost = cost + cost of knowledge sharing
    Else [Ask one Agent [
            percentage of knowledge sharing = percentage of knowledge sharing - 1]]
}
Knowledge sensing {
\\执行知识感知行为，根据概率确定成功获得知识的可能性，并进一步影响之后的
 知识感知概率以及消耗的代价
    Ask each change [Choose one Agent with knowledge = 0 and Random overall
            percentage of   knowledge sensing ]
    If (Random 100 < percentage of knowledge sensing) [
        Ask one Agent [knowledge = 1]
        Ask one Agent [
            percentage of knowledge sensing = percentage of knowledge sensing + 1]
```

```
            Set cost = cost + cost of knowledge sensing
        Else [Ask one Agent [
                percentage of knowledge sensing = percentage of knowledge sensing - 1]]
    }
    Report {
    \\判断执行信息上报行为的前提条件，并进而传递知识点以及产生代价
        Ask Agents in one group [ Ask each change [
            If (knowledge of all Agents = 1) [
                Set knowledge of one Agent of upper group = 1
                Set cost = cost + report cost ]]]
    }
    Command {
    \\判断执行指令下达行为的前提条件，并反复下达知识点以及产生代价
        Ask Agents in one group [ Ask each change [
            If (knowledge of all Agents = 1) [
               Set knowledge of Agents of lower group = 1
               Set cost cost + command cost ]
            If (knowledge of any Agent = 0) [Return]]]
    }
    Fitness {
    \\计算组织效能包含的三个指标值
        Average knowledge set of all business Agents
        Average knowledge set of all IT Agents
        Calculate distance of the above average
        Set the performance of all changes
        Calculate adapatation with performance and distance
        Calculate overall cost
    }
```

该仿真伪代码主要解释了 ABM 模型的仿真流程。实际的代码需要把人员 Agent 集合、变化集合、人员 Agent 的知识点属性集、人员 Agent 的相互交流概率集合均看做动态变化的数组，进而对数组进行分析处理。

根据参数的输入以及上述代码的实现，基于 ABM 的 BITC 仿真模型的运行图如图 8.3 所示。

图 8.3（a）表示业务与 IT 人员 Agent 执行交互行为的过程，其中：面板表示不同层次人员 Agent 的活动范围，人员 Agent 代表了不同的分组，上下面

板之间粗线条代表了在模型仿真过程中人员 Agent 对不同变化的上报以及下达情况；面板内部人员 Agent 之间连接线表示一个领域内人员 Agent 之间的相互交流行为，面板之间的连接线表示不同领域之间人员 Agent 的交互行为；其他行为，如环境动态产生的变化、人员 Agent 的知识分享行为与知识感知行为，均直接反映到人员 Agent 的属性集，不表现在运行界面上。

图 8.3（b）根据每个仿真时刻计算 3 个性能指标值，以时间为横轴，绘制业务/信息技术相互演化性能的变化趋势，反映为组织对于动态变化的接受过程。其中 Misalignment 指标采用业务与信息技术的不一致性表示，该指标曲线一般会呈现先上升后下降的趋势，最终会变为 0。但是，根据交互行为执行程度的不同，该指标变为 0 所需的时间也不甚相同；Adaptation 曲线与变化对组织效能的影响有关，假设认为所有的变化均会一定时间内提高组织效能，然后趋于平稳。那么 Adaptation 会表现为生长曲线，只是在生长的过程中会受到不一致性的影响，表现为锯齿形的生长趋势。消耗代价曲线是一个单调增长的曲线，但是在执行不同的交互行为时会表现为快速或者慢速的增长。

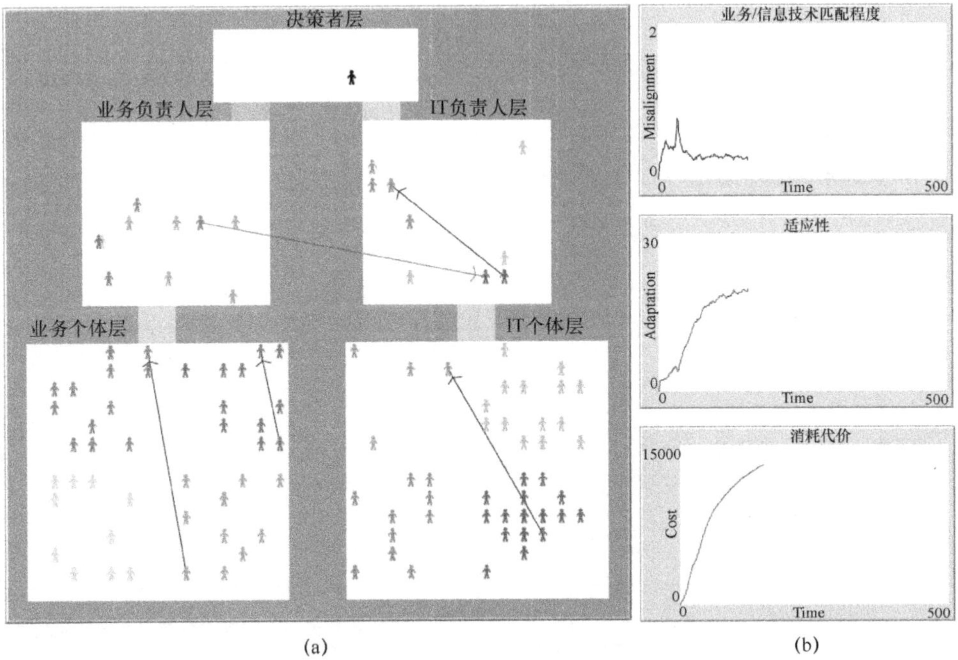

(a) (b)

图 8.3 ABM 模型运行界面

8.4.2 模型验证与测试

验证 ABM 一直是困难但却非常有必要的。在提交 ABM 测试之前，需要对仿真数据进行敏感性分析，如表 8.1 所列。在得到充分的证据之后，便可以根据理论模型开展不同条件的实验。表 8.2 提供了本章所有测试的条件，通过调整不同提议下的知识获取概率，验证提出的 4 个提议。因为 P3 是基于 P1 的知识获取行为，因此假设 P3 的知识分享概率高于 P1。在 8.4.3 小节会根据确定的条件来执行仿真。

表 8.1 敏感性测试结果

参数	测试值	结果
一个知识集包含的知识点数目	2 10	不同个数的知识点没有对演化趋势产生大的影响，演化时间随着值的增加而增加
决策者的数目	2 3	演化时间随着值的增加而增加
业务/IT 负责人的数目	5 15	
业务/IT 执行者的数目	40 60	
组的数目	2 4	演化趋势是相似的，但是性能结果会随着数目变大变得更加动荡
决策者层发生变化的数目	0 2 3	演化趋势是相似的，演化时间会随着数值的增加而增加
业务负责人层发生变化的数目	0 2 3	
IT 负责人层发生变化的数目	0 2 3	
业务执行者层发生变化的数目	0 2 3	
IT 负责人层发生变化的数目	0 2 3	
组内的交流概率	0.7 0.9	演化时间随着数字的增加而降低，但是整体趋势没有影响
域内的交流概率	0.3 0.5	

续表

参　　数	测试值	结　　果
组内的交流代价	0.5 1.5	不同数值对演化趋势没有整体的影响，只改变了整体的代价值
域内的交流代价	1.5 2.5	
不同域之间的交流代价	3.5 4.5	
知识共享代价	0.5 1.5	
学习代价	2.5 3.5	
上报代价	15 25	
下达代价	15 25	
生长曲线中的参数	随机设置参数	这些参数主要影响演化时间以及达到峰值的过程，选择的数据服从演化的趋势
每个测试条件的仿真次数	10 50	仿真次数对整体性能结果的演化趋势没有影响

表 8.2　ABM 测试条件（每一个条件执行 30 次仿真）

提　　议	测试条件
None	1 个条件： 通过 Mutual-Communicating 进行知识转移的概率：0.1 通过知识库进行知识获取的概率：0.1 在 Mutual-Communicating 基础上进行知识共享的概率：0 通过学习进行知识获取的概率：0.1
P1	5 个条件： 通过 Mutual-Communicating 进行知识转移的概率：0.2～0.6 其他的概率与条件“None”一致
P2	9 个条件： 通过知识库进行知识获取的概率：0.2～1.0 其他的概率与条件“None”一致
P3	5 个条件： 在 Mutual-Communicating 基础上进行知识共享的概率：0.6～1.0 其他的概率与条件“None”一致
P4	9 个条件： 通过学习进行知识获取的概率：0.2～1.0 其他的概率与条件“None”一致

8.4.3 模型仿真与结果分析

1. P1

图 8.4 显示了 P1 不同条件下的实验统计分析结果（包含无条件以及 P1 的边界条件）。根据图 8.4(a)，整体趋势先呈现出一个较高的 Misalignment 峰值，然后下降。但是随着相互交流行为的增加，业务域或者 IT 域可以更容易从对方获得知识，呈现出较低的知识差异；同时，根据相互交流行为储备的知识，业务域或者 IT 域也更容易从上层接受指令，因此返回 BITA 状态的时间也会缩短。例如，IT 个体可能与业务个体相互交流获得了业务个体带来的知识，然后促进 IT 个体接受 IT 负责人关于处理业务变化的指令。Adaptation 曲线呈现出相似的结果，图 8.4(b)解释 Adaptation 值不断地被 Misalignment 状态所影响，增长速率随着 Misalignment 值的降低而升高。

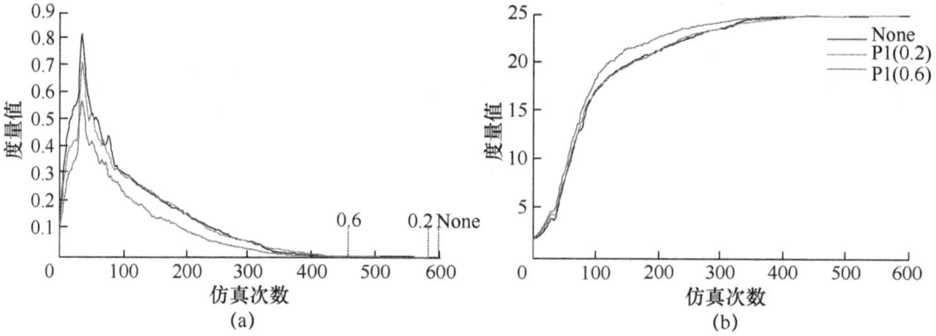

图 8.4　P1 分析结果

图 8.5 显示了不同条件下的消耗代价。与 P1 相关的 5 个条件产生的代价均比无条件状态产生的代价值要高，意味着相互交流行为产生了额外的代价。同时，随着相互交流概率的增加，整体的代价值在不断减少，这个现象可以解释为相互交流行为为 Agent 储备的知识降低了指令下达带来的代价。以业务变化举例，如果大量的 IT Agent 已经通过相互交流行为获得了业务变化的知识点，这些 IT Agent 就更容易接受上层的指令，减少上层下达指令的次数与代价。根据对 3 个性能指标的分析结果，本章认为 P1 是被部分支撑的。

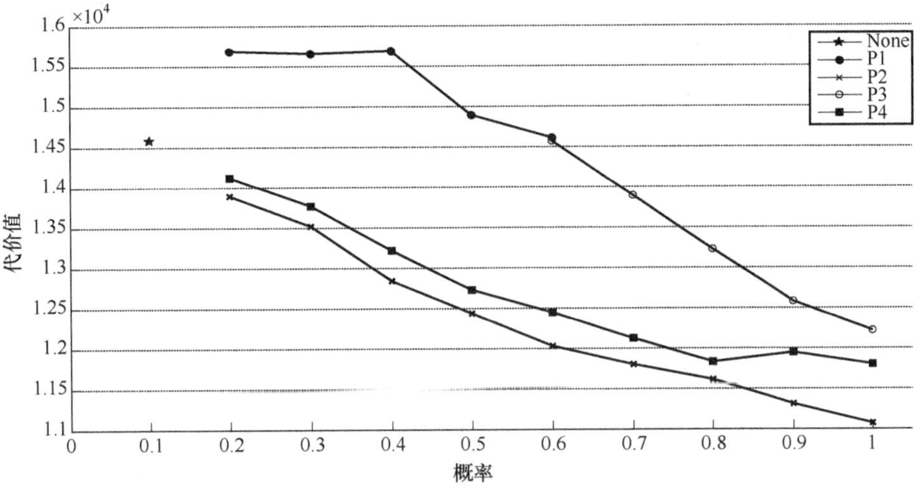

图 8.5　代价的分析结果

2. P2

图 8.6 显示了 P2 在不同条件下 Misalignment 与 Adaptation 指标的变化趋势。根据 Misalignment 指标图明显发现，较高的知识分享概率呈现出更高的峰值以及剧烈的演化轨迹。由于同一个组或者同一个域内的 Agent 之间共享知识的概率更大，因此在一定时间内会导致 Misalignment 的值升高。另外，较高的知识分享概率使 Misalignment 曲线下降更快，返回 BITA 状态的时间也会变早。该现象可以解释如下：如果一个业务变化发生在业务负责人层，业务域会不断进行相互交流和知识分享，可能在一定时间引起较大的不适配状态；与此同时，业务负责人会更早的上报业务变化给决策层，经过决策和指令下达后，大量的 IT Agent 会在短时间内接收业务变化，呈现出一个突然下降的 Misalignment 趋势。该现象也可以在 Adaptation 曲线中进行反映，根据图 8.6(b)，较高的知识分享概率在早期呈现出一个低的 Adaptation，在后期呈现出一个高的 Adaptation。

从代价的角度出发，P2 各种条件产生的整体代价均小于无条件状态，也同时会随着知识分享概率的增加而使代价值变得更小。虽然从数据库中获得知识会产生额外的代价，但是由于知识分享行为的存在，导致更早的上报与变化相关的指令，减少了对应的相互交流行为，同时也降低了指令下达带来的代价。总之，由于 Misalignment 指标变化比较剧烈，同样认为 P2 是被部分支撑的。

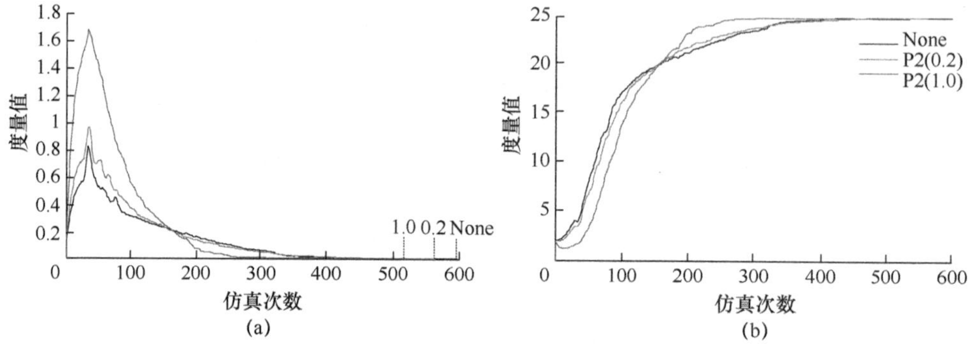

图 8.6　P2 分析结果

3. P3

如图 8.7 所示，P3 的整体趋势与 P1 类似，通过增强基于相互交流前提下的知识分享行为，更多的知识点在域间被发送和接受。因此，Misalignment 曲线变得更加平滑，Adaptation 的速率变得更快，而且达到适应性的时间也变得更早。另外，P3 各种条件的整体代价小于无条件的代价。与 P1 类似，指令下达代价的降低可以解释这个结果。总的来说，本章认为 P3 是被实验结果完全支撑的。

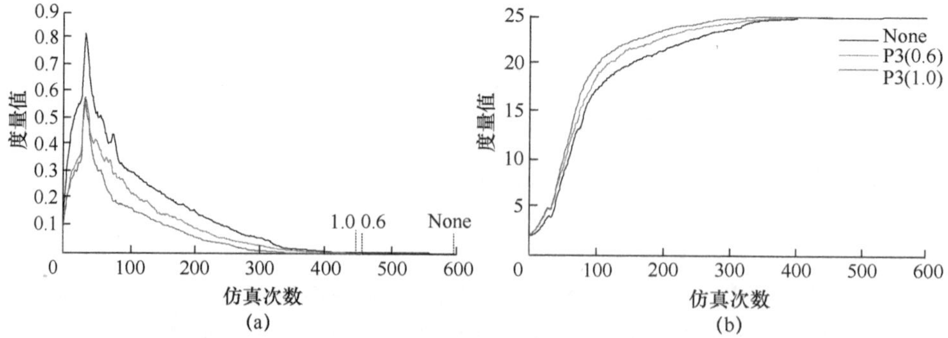

图 8.7　P3 分析结果

4. P4

Intelligence 能力表示 Agent 的学习探索行为，根据这个能力，业务域或者 IT 域的 Agent 可以从对方域提前获得知识点。根据图 8.8 的 Misalignment 曲线，随着学习能力的提高，Misalignment 呈现出先平滑后剧烈的状态。这说明较低的知识学习概率可以弥补业务域与 IT 域之间的知识差异，但是随着学习概率的升高，知识学习的速率大于知识分享的速率，会由于知识的快速得到呈现更大的知识差异。另外，学习活动可以帮助底层 Agent 更容易接受指令，使整体组织更快地适应输入的变化。

从代价的角度分析，通过产生额外的学习代价但是降低演化流程的指令下达代价，P4 的整体代价显示一个逐渐降低的趋势。另外，可能由于 Agent 的学习代价大于知识分享代价，P2 的整体代价与 P4 相比呈现出更低的趋势。根据对 3 个性能结果的度量，本章认为 P4 也是被实验结果部分支撑的。

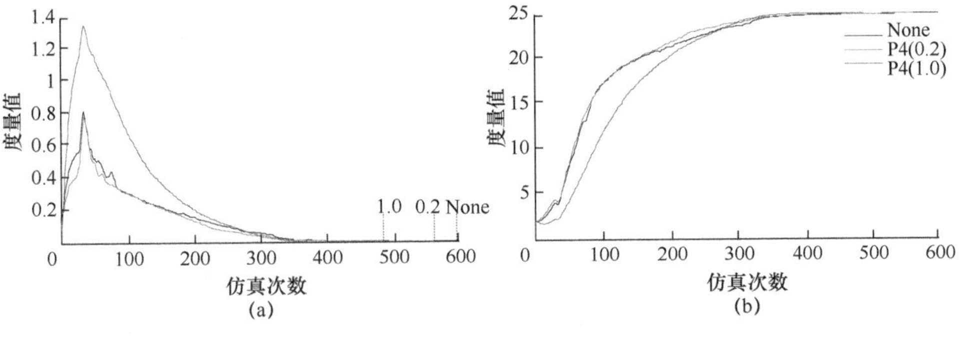

图 8.8　P4 分析结果

5. 对比分析

为了补充以上的分析结果，选择每个提议的中间条件，并比较它们的性能结果（图 8.9）。根据整体的演化时间，实验结果表明所有的提议在实现相互演化过程中都是积极的，尽管 P2 和 P4 在流程中呈现出较慢的初期反应。另外，虽然 P1 倾向于产生一个较大的代价，P1 和 P3 是相对而言比较易于控制的。考虑 3 个性能指标，可以认为 P3 比其他 3 个提议更具有说服力。

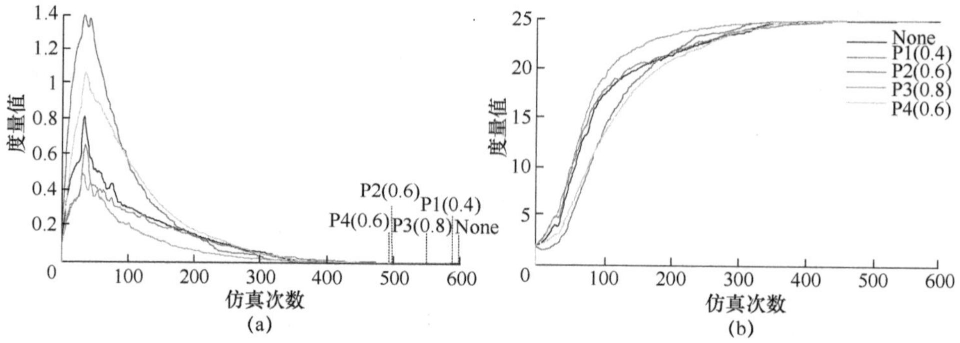

图 8.9　对比分析结果

8.4.4　ABM 模型讨论

BITC 研究的定量视角可以帮助提高理论研究的准确度。本章主要根据 3 个 BITC 原则提出 4 个提议，并采用 ABM 模型进行验证。根据结果得到所有的原则都对 BITC 流程具有积极作用，虽然某些原则显示出了较慢的初期反应或者较高的代价。从实践上来说，在组织中同时利用这些原则是有说服力的。例如，知识共享行为可以和相互交流原则相结合，可以有效缓解初期的失衡状态。另外，实践中对治理原则利用的程度也需要被控制。又如，在演化早期可以避免降低学习速率，同时可以利用相互交流来降低代价。

根据 CAS 的理论视角，本节在理论和模型开发流程中表达了多层效应、多向因果、路径依赖等特征。根据对 3 个原则的实现，ABM 模型执行了自顶向下的规划以及自底向上的适应。因此，模型开发与实验过程为组织控制 BITC 提供了指导。

根据对 ABM 的开发，传统的 BITA 研究成果需要与 CAS 领域的相互演化理论相结合。随着业务环境变得动荡不安，组织需要统筹考虑平衡状态下的适配问题以及不平衡状态下的适配问题。因此，复杂性感知能力需要被利用来识别组织的复杂度：如果组织的复杂性是比较低的，传统的适配机制、模型和性能结果可以被运用在 ABM 模型中，组织可以使用确定性的方法来寻求可持续的竞争优势；如果组织的复杂性是比较高的，BITC 原则可以被引入来处理非线性与不确定性，组织需要在动荡场景下追逐暂时的竞争优势。

本节提出的 ABM 模型仍然存在局限性：首先，根据相关文献，其他 BITC 原则也需要被不断验证，如模块化原则，可以考虑把知识点组成一个模块被用来同时发送和接受；其次，动态变化之间可能存在协同或者冲突关系，因此可能会影响 Agent 的属性以及知识集在模型中的传播；最后，当考虑传统的 BITA 研究时，提出的 ABM 需要考虑其他的性能指标，如适配成熟度，或者其他的适配维度，如结构适配。

8.5　小结

BITC 问题是 BITA 随着复杂性的提高而衍生的新问题，该问题挑战了传统 BITA 的理论与治理原则，需要从相互演化的角度分析如何缓解不适配状态，而不是武断的治理，这样才能更好地与传统 BITA 的研究成果相结合，去处理组织面临的不同复杂程度的问题。首先，对当前信息领域顶级期刊与会议关于 BITC 的相关研究进行总结，发现该问题在原则搜集、验证、应用等方面的缺陷。然后，针对当前体系结构理论对人员因素的欠缺考虑，提出在体系结构开发和演化过程考虑 BITC 问题的重要性，进而对当前文献中存在的 BITC 原则进行搜集，并采用一个系统动力学模型解释这些原则的相互关系以及作用机制。最后为了验证其中 3 个原则，采用 ABM 的方法，以一个典型的层次化组织结构为例，分析这 3 个原则自底向下对 BITC 过程的影响。本章的创新点如下：深入分析当前 BITC 的研究现状，指出 BITC 原则搜集、验证、应用方面的不足；指出当前体系结构对 BITC 研究的缺陷；采用计算型模型（如系统动力学模型和 ABM）分析 BITC 原则的运用，为 BITC 在实践中的开展提供指导。鉴于 BITC 研究的重要性，更多的关于 BITC 原则的验证以及实践需要被不断展开。

BITA 研究发展了近三十年的时间，如今仍然是各级决策者最为关心的问题。BITA 的理论研究成果屡受实践者的诟病，其主要原因是理论研究在应用过程中未充分考虑以人员为基础产生的动态变化，导致成果难以运用，难以应对突发情况。体系结构在复杂信息系统领域也发展了三十年左右的时间，到目前为止只有少数案例成功运用了体系结构理论。体系结构难以在实践中运用的根源也是难以被不同的角色理解，难以应对各种突发状况，导致只开发体系结构描述模型，难以实现从当前体系结构到目标体系结构的转型，这也是为什么当前越来越看重体系结构中人因视图的关键。采用体系结构的方法解决 BITA 问题，更应该考虑适配过程中人员所起的作用，才会成功避免偏离，促使朝正确的方向发展。

在复杂信息系统体系结构运行的过程中，会遇到可以预料或者难以预料的变化，鉴于复杂信息系统的复杂性与非线性，处理这些变化不仅需要确定的原则，也需要引入满足涌现性的原则，来辅助复杂信息系统的演化，使之朝着正确的方向运行。本章正是从这个角度出发，探索与人员因素相关的治理原则，有助于复杂信息系统的发展与演化。

第9章 结论与展望

09

9.1 本书的主要贡献

当代信息技术的迅猛发展，不仅改变了复杂信息系统获取信息、实现各种功能的手段，也推动着业务流程以及组织结构的变革。瞬息万变的战场环境为复杂信息系统的灵活性和敏捷性提出了更高的要求。例如，BITA 既是应对战场变化和 IT 创新的内部需求，也是实现可持续性系统效能的必然选择。体系结构作为一种规划复杂系统开发的指南，可以有效缓解 BITA 问题。本书针对当前结合体系结构的 BITA 研究的不足，着重研究了现状分析、BITA 实现、BITA 度量、BITA 演化等方面，为结合体系结构的 BITA 研究提供更多的理论价值和实践价值。本书的主要贡献包括以下几个方面。

1）对面向体系结构的 BITA 研究进行了综述分析

目前，已经有很多文献采用体系结构方法解决 BITA 问题，但是由于这些文献的分散性，还缺乏一个系统性的综述来分析研究的具体现状。为了解决这个问题，本书采用 5W1H 方法对搜集到的文献进行统计分析，并进而得到研究的时间变化趋势、研究者合作网络、研究问题分布、研究区域分布、主要的研究动机与挑战、研究的方法与模型等内容。通过对这些结果的对比分析，进一步明确了下一步的研究方向。

2）提出了面向资源分配的体系结构 BITA 实现方法

在采用体系结构方法实现 BITA 问题时可以发现，当前研究对 IT 治理方面的实现能力较弱。作为 IT 治理的关键内容，本书从资源分配的角度展开研究，把资源分配问题应用于体系结构的设计过程中，采用组合决策分析方法建立业务功能与应用之间的适配关系，并采用这个方法在体系结构演化过程中分析资源的动态适配问题。该方法的提出提高了 IT 治理方面的成熟度，并且有助于面向体系结构方法的 BITA 实现。

3）提出了基于 DoDAF 2.0 的 BITA 度量方法

BITA 成熟度的度量有助于明确当前适配状态，为下一步行为的开展提供指导。目前，采用体系结构方法度量 BITA 的研究多从描述的角度开展，或者采用经验或者问卷的方式，缺乏整体的度量流程与数据搜集分析。为解决这一问题，本书借鉴 DoDAF 2.0 框架规范，建立数据元模型与 BITA 成熟度模型之间的映射关系，进而得到相应的体系结构描述模型。该度量框架的提出有助于明确体系结构描述模型与 BITA 之间的关系，也证明了体系结构对 BITA 的支撑作用。

4）提出了 BITA 相互演化原则的分析与验证

近些年对 BITC 问题的研究受到很多学者的重视。这些研究多从解释 BITC 的现象和概念着手，少量研究提炼了 BITC 的治理原则。这些原则比较分散，粒度也不一样，很少得到验证与应用。考虑到采用体系结构方法解决 BITC 问题时同样需要运用这些原则：首先系统搜集 BITC 治理原则，并采用系统动力学方法解释他们的作用原理；然后采用 ABM 的方法验证其中的 3 个原则。对 BITC 原则的分析有助于明确原则的作用与实现过程，并且可以运用于体系结构开发和演化过程，在体系结构层面对 BITA 问题进行统筹分析。

总的来说，本书采用体系结构方法，分析了实现与管理复杂信息系统 BITA 的途径。相关研究成果可以运用于复杂信息系统的治理领域。在以往的复杂信息系统建设中，对系统的演化过程难以控制和管理，常常出现业务发展和信息系统建设发展无法协调适配的问题，难以充分发挥体系效能。运用相关研究成果，不仅可以有力促进业务与信息系统建设的有机协调发展，而且可应用于不同的作战场景中。例如，在联合作战条件下分析组织结构、业务流程、人员角色的相互演化；在多域作战场景下考虑演化的社会维度、战略维度以及结构维度。相关研究的开展以期支撑复杂信息系统的“智能演进”，发挥体系合力。

9.2 下一步研究与展望

体系适配研究过去在战略适配、结构适配、适配成熟度度量等方面取得了系列的成果，但在理论与应用上仍有较大局限性，难以应对不断升高的复杂性带来的挑战，具体体现在以下几个方面。

（1）体系动态适配难：为了更好实现数字化转型、业务流程优化等体系目标，需要在体系演化运行过程中持续实现体系适配，然而由于内外部环境的不确定变化以及体系在吸收变化时的非线性作用，体系动态适配实现困难，当前研究缺乏有效的手段。

（2）体系演化控制难：业界广泛认为，体系演化与转型过程中不仅需要统筹自顶向下的合理规划，也需要自底向上的涌现适配，当前由于执行层的动态性与不确定性，体系的演化控制实现困难。

（3）应用成果复用难：由于当前应用类研究多关注复杂度较低情况下的体系适配，复杂度较高场景下的体系适配机制与规则不清晰，其如何支撑体系动态适配仍不明确，难以指导体系适配实践应用，适配规则复用困难。

面向涌现适配的体系动态适配研究，是解决上述问题的根本途径，在近些年得到了广泛的重视。研究学者指出，自顶向下的规划与自底向上的涌现的结合是控制体系复杂性、实现体系动态适配、完成体系目标的关键。本书直接将自顶向下的适配定义为规划适配，自底向上的适配定义为涌现适配。其中，规划适配是指采用顶层规划手段（例如体系结构技术）梳理体系要素之间的支撑与映射关系，通过耦合关联进行体系适配。涌现适配是指为了更好应对内外部环境变化，加强执行层行为的控制与引导，促使通过个体行为与交互产生整体行为，达到体系动态适配的涌现生成。通过综述分析，前期研究主要关注规划适配，涌现适配仍处于理论描述阶段，未见合理可行的解决手段。

研究体系涌现适配，需要从执行层适配规则入手，通过适配规则的挖掘、验证、运用，探索体系涌现适配机制与方法。根据霍兰对复杂适应性系统的描述，控制和管理复杂系统的不确定性，需要构建适应复杂系统演化发展的适应性机制，让涌现性得以引导和利用，促进复杂系统的有序演进。体系适配规则是本书强调的应对各种变化、实现体系动态适配所需采用的适应性机制。例如，采用模块化设计规则，可以在业务需求发生变化时对系统模块进行动态接入与重组，达到重新匹配的效果。适配规则可分为战略层的适配规则和执行层的适配规则等。挖掘执行层的体系适配规则，分析适配规则在运用过程中的效用，并且为体系演化运行生成适配规则选用方案，是实现体系涌现适配的关键途径。目前，体系适配规则存在采集不完善、描述不清晰、粒度不统一等问题，需要对适配规则进行科学采集、规范描述以及合理验证。

综上所述，下一步体系适配研究应关注执行层的体系涌现适配，挖掘体系适配规则，明确体系适配规则运用方式，以及在实践过程中的应用过程，为体系动态适配提供支撑。

（1）如何科学地采集和描述适配规则，为适配规则的运用提供支撑？当前体系适配规则存在描述不清晰、粒度不统一等问题。根据研究现状，应科学梳理、规范描述影响体系动态适配的适应性机制，着重描述执行层相关的适配规则，形成体系动态适配规则清单。

（2）如何有效地评价适配规则，确定适配规则的效用？当前研究主要关注体系适配规则的定性阐述，缺乏适配规则应用效果的验证。根据研究现状，应结合适配规则在不同案例中的运用效果，分析适配规则的效用，为规则的运用提供支持。

（3）如何合理地生成适配规则运用方案，为促进适配涌现、实现动态适配提供支撑？根据研究现状，当前，在适配规则的选择和应用方案方面缺乏相关的研究，未形成适配涌现机制与方法。基于此，结合适配规则的知识图谱与效用数据，针对体系运行过程中可能存在的多种适配规则组合运用方案，试图通过适配规则的选用达到涌现适配的目的。

（4）如何开展面向知识图谱的体系动态适配案例研究，为相关实践应用提供支撑？当前，案例研究缺乏体系动态适配的适配规则运用，相关研究难以为实际运行场景下的体系动态适配提供支撑。基于此，应结合典型复杂信息体系建设案例，将梳理得到的适配规则进行应用，开展实证研究，既验证所提方法的有效性，也为相关案例研究提供了可复用的适配规则以及应用模式。

参 考 文 献

[1] Luftman J. Measure Your Business-IT Alignment - The longstanding business-IT gap can be bridged with an assessment tool to rate your efforts [DB/CD]. http://www.optimizemagazine.com/article/ showArticle.jhtml?printabl.

[2] 王卉, 贺晔. 军事信息系统概论[M]. 长沙: 国防科技大学出版社, 2013.

[3] 习主席为何如此重视联合作战指挥体系？[DB/CD]. http://www.xinhuanet.com/politics/2016-04/21/c_1118687310.htm.

[4] 总政治部. 习主席国防和军队建设重要论述读本[M]. 北京: 解放军出版社, 2016.

[5] Tan J, Tan D. Environment-Strategy Co-Evolution and Co-Alignment: A Staged Model of Chinese Soes under Transition[J]. Strategic Management Journal, 2005, 26(2): 141-157.

[6] Zhang N N, Yu A Y, Dong X. A coevolutionary journey of strategic knowledge management alignment: a Chinese case [C].//The 32th International Conference on Information Systems, Shanghai, China, 2011: 1-19.

[7] Parker M, Benson R. Information economics [M]. Englewood Cliffs, NJ: Prentice-Hall, 1988.

[8] Brancheau J, Wetherbe J. Issues in information systems management[J]. MIS Quarterly, 1987, 11(1): 23-45.

[9] Dixon P, John D. Technology issues facing corporate management in the 1990s[J]. MIS Quarterly, 1989, 13(3): 247-255.

[10] Niederman F, Brancheau J, Wetherbe J. Information systems management issues for the 1990s[J]. MIS Quarterly, 1991, 15(4): 475-495.

[11] Henderson J C, Venkatraman H. Strategic alignment: Leveraging information technology for transforming organizations[J]. IBM Systems Journal, 1993, 32(1): 472－484.

[12] Global Institute of IT Management. The changing role of the CIO and top IT executives [DB/CD].https://www.globaliim.com/app/download/967701357/2016+CIO+IT+Trends.pdf.

[13] Avison D, Jones J, Powell P, et al. Using and validating the strategic alignment model[J]. The Journal of Strategic Information Systems, 2004, 13(3): 223-246.

[14] Sauer C, Yetton P W. Steps to the Future: Fresh thinking on the management of IT-based organizational transformation[M]. San Francisco: Jossey-Bass, 1997.

[15] Reich B H, Benbasat I. Measuring the Linkage between Business and Information Technology Objectives[J]. MIS Quarterly, 1996, 20(1): 55-81.

[16] McKeen J D, Smith H. Making IT Happen: Critical issues in IT management[M]. Chichester, Hoboken, NJ: Wiley, 2003.

[17] Campbell B. Alignment: Resolving ambiguity within bounded choices[C]//Proceedings of

2005 Pacific Asian Conference on Information Systems.PACIS 2005, Bangkok, Thailand, 2005: 1-14.

[18] Abraham G A. Successful Organizational Leadership: Effective execution through strategic management [DB/CD]. http://www.refresher.com/Archives/ agaaexecution.html.

[19] Luftman J, Kempaiah R. An update on business-IT alignment:"A line" has been drawn[J]. MIS Quarterly Executive, 2007, 6(3): 165-177.

[20] Trienekens J, Kusters J, Cuenca L. Measuring business-IT alignment, framework development and case study results[C]. Information System Development, 2013: 1-16.

[21] Wagner T. Evolvement of business-IT alignment over time: A situated change perspective[C]//Proceedings of 47th Hawaii International Conference on System Sciences. 47th HICSS, Hawaii, USA, 2014: 4366-4375.

[22] Ohlsson J, Han S, Hultin M, et al. How to Achieve Sustainable Business IT Alignment-Designing a Circular Organizational Structure at SAAB[C]//Proceedings of 49th Hawaii International Conference on System Sciences. 49th HICSS, Hawaii, USA, 2016: 5116-5125.

[23] Reich B H, Benbasat I. Factors that Influence the Social Dimension of Alignment between Business and Information Technology Objectives[J]. MIS Quarterly, 2000, 24(1): 81-113.

[24] Pereira M, Sousa P. Enterprise architecture: business and IT alignment[C]//Proceedings of the 2005 ACM symposium on Applied computing, New Mexico, USA, 2005: 1344-1345.

[25] Zarvic N, Wieringa R. An integrated enterprise architecture framework for business-IT alignment[J]. Designing Enterprise Architecture Frameworks: Integrating Business Processes with IT Infrastructure, 2014, 63: 9-28.

[26] Hinkelmann K, Gerber A, et al. A new paradigm for the continuous alignment of business and IT: Combining enterprise architecture modelling and enterprise ontology[J]. Computers in Industry, 2016, 79: 77-86.

[27] Luftman J, Lyytinen K, et al. Enhancing the measurement of information technology (IT) business alignment and its influence on company performance[J]. Journal of Information Technology, 2017,32(1): 26-46.

[28] Gerow E, et al. Looking toward the future of IT-business strategic alignment through the past: A meta-analysis[J]. Mis Quarterly, 2014, 38(4): 1059-1085.

[29] Amarilli F, van Vliet M, Van den Hooff B. Business IT Alignment through the Lens of Complexity Science[C]//proceedings of the 37th International Conference on Information Systems. 37th ICIS, Dublin, Ireland, 2016: 1-16.

[30] Amarilli F, van Vliet M, Van den Hooff B. An Explanatory Study on the Co-evolutionary Mechanisms of Business IT Alignment[C]//Proceedings of the 38th International Conference on Information Systems. 38th ICIS, Seoul, South Korea, 2017: 1-21.

[31] IEEE. IEEE Recommended Practice for Architectural Description of Software Intensive

Systems (IEEE Std 1471-2000)[S]. IEEE Computer Society, New York, NY, 2000.

[32] Jarke M, Loucopoulos P, Lyytinen K, et al. The brave new world of design requirements[J]. Information Systems, 2011, 36(7): 992-1008.

[33] Hansen S, Berente N, Lyytinen K. Requirements in the 21st century: Current practice and emerging trends[M]//Design requirements engineering: A ten-year perspective. Springer Berlin Heidelberg, 2009: 44-87.

[34] Wegmann P A . The Systemic Enterprise Architecture Methodology (SEAM) - Business and IT Alignment for Competitveness[R]. General Information, 2002: 483-490.

[35] Duffy J. IT/Business Alignment: Delivering Results[DB/CD]. http://www. cio. com/analyst/123101 idc.html.

[36] Winter R, Schelp J. Enterprise architecture governance: the need for a business-to-IT approach[C]//Proceedings of the 2008 ACM symposium on Applied computing. ACM, 2008: 548-552.

[37] Zachman J. The zachman framework for enterprise architecture[M]. Zachman International, 2002.

[38] The Open Group. TOGAF “Enterprise Edition” Version 8.1[M]. The Open Group, 2003.

[39] DoD Architecture Framework Working Group. DoD Architecture Framework Version 2.0[M]. U.S. Department of Defense, 2009.

[40] Hinkelmann K, Pasquini A. Supporting Business and IT Alignment by Modeling Business and IT Strategy and Its Relations to Enterprise Architecture[C]//Proceedings of Enterprise Systems Conference, IEEE. 2014: 149-154.

[41] Kurniawan N B. Enterprise Architecture design for ensuring strategic business IT alignment (integrating SAMM with TOGAF 9.1)[C]//proceedings of Joint International Conference on Rural Information & Communication Technology and Electric-Vehicle Technology, IEEE. 2013: 1-7.

[42] Aier S, Winter R. Virtual Decoupling for IT/Business Alignment – Conceptual Foundations, Architecture Design and Implementation Example[J]. Business & Information Systems Engineering, 2009, 2: 150-163.

[43] Chan Y E, Reich B H. IT alignment: what have we learned?[J]. Journal of Information Technology, 2007, 22(4): 297 – 315.

[44] Aversano L, Grasso C, Tortorella M. A literature review of Business/IT Alignment Strategies[J]. Procedia Technology, 2012, 5: 462-474.

[45] Ullah A, Lai R. A systematic review of business and information technology alignment[J]. ACM Transactions on Management Information Systems (TMIS), 2013, 4(1): 4.

[46] Coltman T, Tallon P, Sharma R, et al. Strategic IT alignment: twenty-five years on[J]. Journal of Information Technology, 2015, 30(2): 91-100.

[47] Bharadwaj A, El Sawy O A, Pavlou P A, et al. Digital business strategy: Toward a next generation of insights[J]. MIS Quarterly, 2013, 37(2): 471-482.

[48] Kahre C, Hoffmann D, Ahlemann F. Beyond business-IT alignment-Digital business strategies as a paradigmatic shift: A review and research agenda[C]//Proceedings of the 50th Hawaii International Conference on System Sciences. 50th HICSS, Hawaii, United States, 2017: 1-10.

[49] Wiseman C. Strategy and Computers[M]. Dow Jones-Irwin, Homewood, IL, 1985.

[50] Earl M J. Management Strategies for Information Technologies[M]. Prentice-Hall, Hemel Hempstead, UK, 1989.

[51] Sabherwal R, Hirschheim R, Goles T. The Dynamics of Alignment: Insights from a Punctuated Equilibrium Model[J]. Organization Science, 2001, 12(2): 179-197.

[52] Carvalho G L, Sousa P. Using a Medical Sciences Perspective to Harness Business and Information Systems Misalignment[C]//Proceedings of 2008 European Conference on Information Systems. ECIS, 2008: 2496-2507.

[53] Carvalho R, Sousa P. Business and Information Systems Misalignment Model: an holistic model leveraged on misalignment and medical sciences approaches[C]//Proceedings of BUSITAL. 2008, 8:105-116.

[54] MacDonald K H, Yapp C. 18 IT strategies: issues and prescriptions[J]. Creating a Business-based IT Strategy, 1992, 14: 243-257.

[55] Peppard J, Breu K. Beyond alignment: a coevolutionary view of the information systems strategy process[C]//Proceedings of the 24th International Conference on Information Systems. 24th ICIS, Seattle, WA, 2003: 61-69.

[56] Benbya H, McKelvey B. Using coevolutionary and complexity theories to improve IS alignment: a multi-level approach[J]. Journal of Information technology, 2006, 21(4): 284-298.

[57] Tanriverdi H, Rai. A, Venkatraman N. Research commentary—reframing the dominant quests of information systems strategy research for complex adaptive business systems[J]. Information Systems Research, 2010, 21(4): 822-834.

[58] Tanriverdi H, Lim S Y. How to Survive and Thrive in Complex, Hypercompetitive, and Disruptive ecosystems? The Roles of IS-enabled Capabilities[C]//Proceedings of the 38th International Conference on Information Systems. 38th ICIS, Seoul, South Korea, 2017: 1-21.

[59] Magoulas T, Hadzic A, Saarikko T, et al. Alignment in enterprise architecture: A comparative analysis of four architectural approaches[J]. Electronic Journal Information Systems Evaluation, 2012, 15(1).

[60] Weeger A, Haase U. How Contradictions Facilitate Evolutionary Transformation: an Exploration into the dynamics of Business-IT Alignment from the Perspective of Activity Theory[C]//Proceedings of the European Conference on Information Systems. ECIS, Istanbul,

Turkey, 2016: 173-190.

[61] Gerow J E, Thatcher J B, Grover V. Six Types of IT-Business Strategic Alignment: An investigation of the constructs and their measurement[J]. European Journal of Information Systems, 2015, 24(5): 465-491.

[62] Huang C D, Hu Q. Achieving IT-business strategic alignment via enterprise-wide implementation of balanced scorecards[J]. Information Systems Management, 2007, 24(2): 173-184.

[63] Ori D. Misalignment Symptom Analysis based on Enterprise Architecture Model Assessment[J]. IADIS International Journal on Computer Science & Information Systems, 2014, 9(2).

[64] Luftman J. Strategic alignment maturity[M]// Handbook on Business Process Management 2. Springer Berlin Heidelberg, 2015: 5-43.

[65] Wagner H T, Weitzel T. How to Achieve Operational Business-IT Alignment: Insights from a Global Aerospace Firm[J]. MIS Quarterly Executive, 2012, 11(1).

[66] Schlosser F, Wagner HT, Coltman T. Reconsidering the dimensions of business-IT alignment[C]//Proceedings of the 45th Hawaii International Conference on System Science. 45th HICSS, Hawaii, United states, 2012: 505-506.

[67] Baker J, Singh H. The Roots of Misalignment: Insights from a System Dynamics Perspective[C]//Proceedings of the JAIS Theory Development Workshop, Fort Worth, Texas. 2015: 1-37.

[68] Eisenberg D A, Alderson D L, Kitsak M, et al. Network Foundation for Command and Control (C2) Systems: Literature Review[J]. IEEE Access, 2018, 6: 68782-68794.

[69] Wong W L, Husain R, Sulaiman A. Managing Upstream and Downstream Relationships In Supply Chain for Military Organisation[J]. International Journal of Business and Management, 2018, 2(1): 72-77.

[70] Mitleton-Kelly E, Papaefthimiou M C. Coevolution and an enabling infrastructure: a solution to legacy?[J]. Systems engineering for business process change, 2000, 3(1): 164-181.

[71] Theorin A, Bengtsson K, Provost J, et al. An event-driven manufacturing information system architecture for Industry 4.0[J]. International Journal of Production Research, 2017, 55(5): 1297-1311.

[72] Kaushik A, Raman A. The new data-driven enterprise architecture for e-healthcare: Lessons from the Indian public sector[J]. Government Information Quarterly, 2015, 32(1): 63-74.

[73] 罗爱民. 基于可执行模型的体系结构验证评估方法[J]. 计算机科学, 2010, 37(8): 294-297.

[74] 刘俊先, 罗雪山, 罗爱民,等. C^4ISR 体系结构验证评估[J]. 指挥与控制学报, 2016, 2(2): 129-133.

[75] Wang Q, Wang Z, Liu Y, et al. A novel modeling and analysis approach to efficiency

requirements for system of systems[C]//Proceedings of the International Conference on Oriental Thinking and Fuzzy Logic. Springer, Cham, 2016: 349-360.

[76] Amissah M, Handley H H. Data-centric development of architecture models with the DM2 and MS-SDF[C]//Proceedings of the 10th System of Systems Engineering Conference (SoSE). IEEE, 2015: 451-456.

[77] Haren V. TOGAF Version 9.1[M]. The Open Group. TOGAF Version 9.1. Van Haren Publishing, 2011.

[78] Handley H A H, Smillie R J. Architecture framework human view: The NATO approach[J]. Systems Engineering, 2008, 11(2): 156-164.

[79] Frederic P Miller, Agnes F Vandome, John McBrewster. AGATE (Architecture Framework)[M]. Alphascript Publishing, 2010.

[80] Ministry (Government Department). Department of National Defence (Canada)[M]. Alphascript Publishing, 2010.

[81] Li W J, Huang C W, Chen Q C, et al. A Model-Driven Aspect Framework for Grid Service Development[C]//Proceedings of the IEEE Asia-pacific Conference on Services Computing. 2006: 1-16.

[82] Australian Government. Network of Australian Teachers of German[DB/CD]. http://www.ausdaf.edu.au/index.php?option=com_content&task=view&id=5&Itemid=6.

[83] Object Management Group (OMG). Unified Architecture Framework 1.0[DB/CD]. https://www.omg.org/uaf/index.htm.

[84] Lagerström R. Analyzing system maintainability using enterprise architecture models[C]// Proceedings of Workshop on Trends in Enterprise Architecture Research (TEAR 2007), St. Gallen, Switzerland. 2007: 31-39.

[85] Ekstedt M, Franke U, Johnson P, et al. A tool for enterprise architecture analysis of maintainability[C]//Proceedings of the 13th European Conference on Software Maintenance and Reengineering. IEEE, 2009: 327-328.

[86] Johnson P, Johansson E, Sommestad T, et al. A tool for enterprise architecture analysis[C]//Proceedings of the 11th IEEE international enterprise distributed object computing conference (EDOC 2007). IEEE, 2007: 142-142.

[87] Johnson P, Lagerström R, Närman P, et al. Enterprise architecture analysis with extended influence diagrams[J]. Information Systems Frontiers, 2007, 9(2-3): 163-180.

[88] Roth S, Hauder M, Farwick M, et al. Enterprise Architecture Documentation: Current Practices and Future Directions[C]. Wirtschaftsinformatik, 2013: 58-73.

[89] Buschle M, Ekstedt M, Grunow S, et al. Automating enterprise architecture documentation using an enterprise service bus[C]. 2012:10-17.

[90] Winter R, Fischer R. Essential layers, artifacts, and dependencies of enterprise

architecture[C]//Proceedings of the 10th IEEE International Enterprise Distributed Object Computing Conference Workshops (EDOCW'06). IEEE, 2006: 30.

[91] Jonkers H, Lankhorst M M, ter Doest H W L, et al. Enterprise architecture: Management tool and blueprint for the organisation[J]. Information systems frontiers, 2006, 8(2): 63-66.

[92] Matthes F, Buckl S, Leitel J, et al. Enterprise architecture management tool survey 2008[M]. Techn. Univ. München, 2008.

[93] Schmidt M T, Hutchison B, Lambros P, et al. The enterprise service bus: making service-oriented architecture real[J]. IBM Systems Journal, 2005, 44(4): 781-797.

[94] McGovern J, Sims O, Jain A, et al. Enterprise service oriented architectures: concepts, challenges, recommendations[M]. Springer Science & Business Media, 2006.

[95] Urbaczewski L, Mrdalj S. A comparison of enterprise architecture frameworks[J]. Issues in Information Systems, 2006, 7(2): 18-23.

[96] Kang D, Lee J, Choi S, et al. An ontology-based enterprise architecture[J]. Expert Systems with Applications, 2010, 37(2): 1456-1464.

[97] Iyer B, Gottlieb R. The Four-Domain Architecture: An approach to support enterprise architecture design[J]. IBM Systems Journal, 2004, 43(3): 587-597.

[98] Buckl S, Ernst A M, Matthes F, et al. Visual roadmaps for managed enterprise architecture evolution[C]//Proceedings of 2009 10th ACIS International Conference on Software Engineering, Artificial Intelligences, Networking and Parallel/Distributed Computing. IEEE, 2009: 352-357.

[99] Aier S, Gleichauf B. Application of enterprise models for engineering enterprise transformation[J]. Enterprise Modelling and Information Systems Architectures-An International Journa, 2010, 5(1):115-134.

[100] Jonkers H, Lankhorst M M, ter Doest H W L, et al. Enterprise architecture: Management tool and blueprint for the organisation[J]. Information systems frontiers, 2006, 8(2): 63-66.

[101] Simon D, Fischbach K, Schoder D. An exploration of enterprise architecture research[J]. Communications of the Association for Information Systems, 2013, 32(1): 1-72.

[102] Liu X, J Bollen, M L Nelson, et al. Co-authorship Networks in the Digital Library Research Community[J]. Information Processing and Management: An International Journal, 2005, 41(6): 1462-1480.

[103] Fruchterman T M J, E M Reingold. Graph Drawing by Forcedirected Placement[J]. Software-Practice and Experience, 1991, 21(11): 1129-1164.

[104] Alaeddini M, Salekfard S. Investigating the role of an enterprise architecture project in the business-IT alignment in Iran[J]. Information Systems Frontiers, 2013, 15(1): 67-88.

[105] Parchami, P. Enterprise Architecture & Alignment[D]. Department of Applied Information Technology. http://hdl. Handle. net/2077/26733. 2011.

[106] Bradley R V, Pratt R M, Byrd T A, et al. Enterprise architecture, IT effectiveness and the mediating role of IT alignment in US hospitals[J]. Information Systems Journal, 2012, 22(2): 97-127.

[107] Iacob M E, Meertens L O, Jonkers H, et al. From enterprise architecture to business models and back[J]. Software & Systems Modeling, 2014, 13(3): 1059-1083.

[108] Wegmann A, Regev G, Loison B. Business and IT Alignment with SEAM[C]//Proceedings of the 1st International Workshop on Requirements Engineering for Business Need, and IT Alignment. 2005: 74-84.

[109] Plazaola L, Silva E, Vargas N, et al. A Metamodel for strategic business and IT alignment assessment[C]//Proceedings of the 4th Annual Conference on Systems Engineering Research (CSER). 2006:126-137.

[110] Plazaola L, Flores J, Silva E, et al. An approach to associate strategic business-IT alignment assessment to enterprise architecture[C]//In Fifth Conference on Systems Engineering, 2007:234-256.

[111] Plazaola L, Flores J, Vargas N, et al. Strategic business and IT alignment assessment: A case study applying an enterprise architecture-based metamodel[C]//Proceedings of 41st Hawaii International Conference on System Sciences, Hawaii, United States. 2008: 398-398.

[112] Elhari K, Bounabat B. Platform for assessing strategic alignment using enterprise architecture: Application to e-government process assessment[J]. arXiv preprint arXiv:1104.1132. 2011.

[113] Chen H M. Towards service engineering: service orientation and business-IT alignment[C]// Proceedings of 41st Hawaii International Conference on System Sciences, Hawaii, United States. 2008: 114.

[114] Fischer R, Aier S, Winter R. A federated approach to enterprise architecture model maintenance[J]. Enterprise Modelling and Information Systems Architectures, 2015, 2(2): 14-22.

[115] Fritscher B, Pigneur Y. Business IT alignment from business model to enterprise architecture[C]//International Conference on Advanced Information Systems Engineering, Springer Berlin Heidelberg. 2011: 4-15.

[116] Bricknall R, Darrell G, Nilsson H, et al. Aligning IT Strategy with Business Strategy through the Balanced Scorecard in a multinational pharmaceutical company[C]//Proceedings of 40th Hawaii International Conference on System Sciences, Hawaii, United States. 2007: 235b.

[117] Sousa P, Pereira C, Marques J. Enterprise architecture alignment heuristics[J]. Microsoft Architects Journal, 2004, 4: 34-39.

[118] Strnadl C F. Aligning business and it: The process-driven architecture model[J]. Information systems management, 2006, 23(4): 67-77.

[119] Versteeg G, Bouwman H. Business architecture: A new paradigm to relate business strategy

to ICT[J]. Information systems frontiers, 2006, 8(2): 91-102.

[120] Choi J, Nazareth D L, Jain H K. The impact of SOA implementation on IT-business alignment: A system dynamics approach[J]. ACM Transactions on Management Information Systems (TMIS), 2013, 4(1): 3-26.

[121] Buchanan R D, Soley R M. Aligning enterprise architecture and IT investments with corporate goals[J]. OMG Whitepaper, Object Management Group, Needham, 2002:1-14.

[122] Roth S. Collaborative Evolution of Enterprise Architecture Models[C]//Proceedings of the International Workshop on Models at Runtime. 2013.

[123] Jonkers H, Van Burren R, Arbab F, et al. Towards a language for coherent enterprise architecture descriptions[C]//Proceedings of 7th IEEE International Enterprise Distributed Object Computing Conference. IEEE, 2003: 28-37.

[124] Frank R. Toward Understanding Enterprise Architecture Management's Role in Strategic Change: Antecedents, Processes, Outcomes[J]. Wirtschaftsinformatik, 2011, 16(18): 1-11.

[125] Banerjee J, Aziz S. SOA: the missing link between enterprise architecture and solution architecture[J]. SETLabs briefing, 2007, 5(2): 69-80.

[126] Pepin J, André P, et al. A Method for Business-IT Alignment of Legacy Systems[C]// Proceedings of the 17th International Conference on Enterprise Information Systems, SCITEPRESS-Science and Technology Publications. 2015, 3: 229-237.

[127] Pepin J, André P, et al. A Facet-Based Model Mapping Method for EA Alignment and Evolution[C]//International Conference on Advanced Information Systems Engineering. 2016, 16: 13-17.

[128] Abdi M, Dominic P D D. Strategic IT alignment with business strategy: Service oriented architecture approach[C]//Proceedings of the 2010 International Symposium in Information Technology. IEEE, 2010, 3: 1473-1478.

[129] Saat J, Franke U, Lagerstrom R, et al. Enterprise architecture meta models for IT/business alignment situations[C]//Proceedings of 14th IEEE International Enterprise Distributed Object Computing Conference. EDOC, 2010: 14-23.

[130] Haki M, Forte M. Proposal of a service oriented architecture governance model to serve as a practical framework for business-IT Alignment[C]//Proceedings of the 4th International Conference on New Trends in Information Science and Service Science. NISS, 2010：568-585.

[131] Kang D, Lee J, Kim K. Alignment of Business Enterprise Architectures using fact-based ontologies[J]. Expert Systems with Applications, 2010, 37(4): 3274-3283.

[132] Chen H M, Kazman R, Garg A. BITAM: An engineering-principled method for managing misalignments between business and IT architectures[J]. Science of Computer Programming, 2005, 57(1): 5-26.

[133] Clark T, Barn B S, Oussena S. A method for enterprise architecture alignment[C]//Working Conference on Practice-Driven Research on Enterprise Transformation, Springer Berlin Heidelberg. 2012: 48-76.

[134] Clark T, Barn, B. A model-based approach to aligning business goals with enterprise architecture[J]. Progressions and Innovations in Model-Driven Software Engineering, 2013: 252-263.

[135] Dahalin Z M, Razak R A, Ibrahim H, et al. An enterprise architecture methodology for business-it alignment: adopter and developer perspectives[J]. Communications of the IBIMA, 2011:229-246.

[136] Malta P, Sousa R D. Process Oriented Approaches in Enterprise Architecture for Business-IT Alignment[J]. Procedia Computer Science, 2016, 100: 888-893.

[137] Engelsman W, Jonkers H, Franken H M, et al. Architecture-driven requirements engineering [C]//Working Conference on Practice-Driven Research on Enterprise Transformation, Springer Berlin Heidelberg. 2009: 134-154.

[138] Salgado C, Machado R J, Suzana R. Modeling the alignment between business and IS/IT: a requirements engineering perspective[C]//Proceedings of the 28th annual acm symposium on applied computing. 2013: 1309-1311.

[139] Antunes G, Caetano A, et al. Using ontologies for enterprise architecture model alignment[C]//Proceedings of the 4th Workshop on Business and IT Alignment (BITA 2013), Poznan, Poland. 2013:1-15.

[140] Antunes G, Caetano A, et al. Using ontologies to integrate multiple enterprise architecture domains[C]//International Conference on Business Information Systems, Springer Berlin Heidelberg. 2013: 61-72.

[141] Rowe F. What literature review is not: diversity, boundaries and recommendations[J]. European Journal of Information Systems, 2014, 23(3): 241-255.

[142] Schwarz A, Mehta M, Johnson N, et al. Understanding frameworks and reviews: a commentary to assist us in moving our field forward by analyzing our past[J]. ACM SIGMIS Database, 2007, 38(3): 29-50.

[143] Okoli C. A critical realist guide to developing theory with systematic literature reviews[M]. Social Science Research Network, 2012.

[144] Fink A. Conducting research literature reviews: From the Internet to paper[M]. united states：Sage Publications, 2013.

[145] Wegmann A, et al. Business and IT alignment with SEAM for enterprise architecture[C]// Proceedings of the 11th Enterprise Distributed Object Computing Conference, Annapolis, USA. 2007: 111-121.

[146] Wang Y, Zhou W, Jiang B. A method of business and IT alignment based on enterprise

architecture[C]//Proceedings of Service Operations and Logistics, and Informatics, Beijing, China. 2008: 740-745.
[147] Iacob E, D Quartel, H Jonkers. Capturing business strategy and value in enterprise architecture to support portfolio valuation[C]//Proceedings of 16th Enterprise Distributed Object Computing Conference, Beijing, China. 2012: 11-20.
[148] Őri D. On exposing strategic and structural mismatches between business and information systems: misalignment symptom detection based on enterprise architecture model analysis[D]. Budapesti Corvinus Egyetem, 2017.
[149] Artzner P, Delbaen F, et al. Coherent measures of risk[J]. Math Finance, 1999, 9(3): 203-228.
[150] Shane A, Ulrich T. Technological innovation, product development, and enterpreneurship in management science[J]. Management Science, 2004, 50(2): 133-144.
[151] Klingebiel R, Rammer C. Resource allocation strategy for innovation portfolio management[J]. Strategic Management Journal, 2014, 35(2): 246-268.
[152] Liesiö J, Mild P, Salo A. Preference programming for robust portfolio modeling and project selection[J]. European Journal of Operational Research, 2007, 181(3): 1488-1505.
[153] Liesiö J, Salo A. Scenario-based portfolio selection of investment projects with incomplete probability and utility information[J]. European Journal of Operational Research, 2012, 217(1): 162-172.
[154] Salo A, Liesiö J. A case study in participatory priority setting for a Scandinavian research program[J]. International Journal of Information Technology & Decision Making, 2006, 5(1): 65-88.
[155] Lindstedt M, Liesio J, Salo A. Participatory development of a strategic product portfolio in a telecommunication company[J]. International Journal of Technology Management, 2008, 42(3): 250-266.
[156] Kangaspunta J, Liesiö J, Mild P, et al. Cost-efficiency analysis of weapon system portfolios[J]. European Journal of Operational Research, 2012, 223: 264-275.
[157] Haren V. Archimate 2.0 Specification[M]. Berkshire, UK, 2012.
[158] Niemi E, Samuli P. Using enterprise architecture artefacts in an organisation[J]. Enterprise Information Systems, 2017, 11(3): 313-338.
[159] Simon D, Fischbach K, Schoder D. Application portfolio management--an integrated framework and a software tool evaluation approach[J]. Communications of the Association for Information Systems, 2010, 26(1): 3-13.
[160] Baker J, Jones D. A theoretical framework for sustained strategic alignment and an agenda for research[C]//Proceedings of JAIS Theory Development Workshop. Sprouts: Working Papers on Information Systems. 2008: 8-20.
[161] Chen R S, Sun C M, Helms M M, et al. Aligning information technology and business

strategy with a dynamic capabilities perspective: A longitudinal study of a Taiwanese Semiconductor Company[J]. International Journal of Information Management ,2008, 28(5): 366-378.

[162] Lyytinen K, Newman M. Explaining information systems change: a punctuated socio-technical change model[J]. European Journal of Information Systems, 2008, 17(6): 589-613.

[163] Baker Jeff, et al. Conceptualizing the dynamic strategic alignment competency[J]. Journal of the Association for Information Systems, 2011, 12(4): 299-311.

[164] Tallon P, Pinsonneault A. Competing perspectives on the link between strategic information technology alignment and organizational agility: insights from a mediation model[J]. Mis Quarterly, 2011, 35(3): 463-486.

[165] Haes D, Grembergen V. Enterprise governance of information technology: Achieving Alignment and Value[M]. Springer Publishing Company, 2015.

[166] Jorfi, S., Khalil, N., Lotfi, N. The relationships between IT flexibility, IT-Business strategic alignment, and IT capability[J]. International Journal of Managing Information Technology, 2011, 3(1) : 16-31.

[167] Niemann K D. From enterprise architecture to IT governance[M]. Springer Fachmedien, 2006.

[168] Vargas A, et al. Towards the development of the framework for inter sensing enterprise architecture[J]. Journal of Intelligent Manufacturing, 2016, 27(1): 55-72.

[169] Franke U, Flores W R, Johnson P. Enterprise architecture dependency analysis using fault trees and bayesian networks[C]//Proceedings of the 2009 Spring Simulation Multiconference. Society for Computer Simulation International. 2009: 55-70.

[170] Mengmeng Z, Honghui C, Aimin L. A Systematic Review of Business-IT Alignment Research With Enterprise Architecture[J]. IEEE Access, 2018, 6: 18933-18944.

[171] Wagter R, Proper H A, Witte D. Enterprise coherence assessment version[J]. Practice-Driven Research on Enterprise Transformation, 2011, 89: 28-52.

[172] Tapia R S, Daneva M, van Eck P. Validating adequacy and suitability of business-IT alignment criteria in an inter-enterprise maturity model 202[C]//Proceedings of 11th IEEE International Enterprise Distributed Object Computing Conference. 2007: 202-213.

[173] Vasconcelos A, Sousa P, Tribolet J. Enterprise Architecture Analysis-An Information System Evaluation Approach[J]. Enterprise Modelling and Information Systems Architectures, 2015, 3(2): 31-53.

[174] Yoo Y, Boland Jr R J, Lyytinen K, et al. Organizing for innovation in the digitized world[J]. Organization science, 2012, 23(5): 1398-1408.

[175] Allen P M, Varga L. A co-evolutionary complex systems perspective on information systems[J]. Journal of Information Technology, 2006, 21(4): 229-238.

[176] Zhou J, Fang Y, Zhao P. Understanding IT Alignment Paradox: A Three-Way Interaction of Intellectual Alignment, Social Alignment, and Environmental Dynamism[C]. The 38th International Conference on Information Systems, Seoul, South Korea, 2017: 1-18.

[177] Liang H, Wang N, Xue Y, et al. Unraveling the Alignment Paradox: How Does Business—IT Alignment Shape Organizational Agility?[J]. Information Systems Research, 2017, 28(4): 863-879.

[178] El Sawy O A, Malhotra A, Park Y, et al. Research commentary—seeking the configurations of digital ecodynamics: It takes three to tango[J]. Information Systems Research, 2010, 21(4): 835-848.

[179] Ciborra C. From Control to Drift: The Dynamics of Corporate Information Infrastructures [M]. Oxford University Press: Oxford, UK, 2000.

[180] Simpson J R, Wilkin C L, Campbell J, et al. "Iterate wildly": is User-Centred Design and Prototyping the Key to Strategic Alignment?[C]//The 24th European Conference on Information Systems, Istanbul, Turkey, 2016: 1-12.

[181] Merali Y, McKelvey B. Using Complexity Science to effect a paradigm shift in Information Systems for the 21st century[J]. Journal of Information Technology, 2006, 21(4): 211-215.

[182] McKelvey B, Tanriverdi H, Yoo Y. Complexity and Information Systems. Research in the Emerging Digital World[J]. MIS Quarterly, 2020, 44(1): 1-3.

[183] Gawer A. Bridging differing perspectives on technological platforms: Toward an integrative framework[J]. Research policy, 2014, 43(7): 1239-1249.

[184] Gawer A, Cusumano M A. Industry platforms and ecosystem innovation[J]. Journal of Product Innovation Management, 2014, 31(3): 417-433.

[185] Tiwana A, Konsynski B, Bush A. Platform evolution: Coevolution of platform architecture, governance, and environmental dynamics[J]. Information systems research, 2012, 21(4): 675-687.

[186] Adomavicius G, Bockstedt J C, Gupta A, et al. Making sense of technology trends in the information technology landscape: A design science approach[J]. MIS Quarterly, 2008, 32(4): 779-809.

[187] Nan N, Tanriverdi H. Unifying the role of IT in hyperturbulence and competitive advantage via a multilevel perspective of IS strategy[J]. MIS Quarterly, 2017, 41(3): 937-958.

[188] Vidgen R, Wang X. From business process management to business process ecosystem[J]. Journal of Information Technology, 2006, 21(4): 262-271.

[189] Nassim B, Robert F. IS Alignment improved with co-evolutionary principles: An Open Source approach[C]//The 43rd Hawaii International Conference on System Sciences Hawaii, United States, 2010: 1-10.

[190] Kim R M, Kaplan S M. Co-Evolution in Information Systems Engagement: exploration,

ambiguity and the emergence of order[C]//The 3rd International Conference on Action in Language, Organisations and Information Systems, 2005: 166-180.

[191] Kim R M, Kaplan, S. M. Interpreting socio-technical co-evolution: Applying complex adaptive systems to IS engagement[J]. Information Technology & People, 2006, 19(1) : 35-54.

[192] Benbya H, McKelvey B. Toward a complexity theory of information systems development[J]. Information Technology & People, 2006, 19(1): 12-34.

[193] Agarwal R, Sambamurthy V. Principles and models for organizing the IT function[J]. MIS Quarterly, 2002, 1(1): 1-16.

[194] Vessey I, Ward K. The dynamics of sustainable IS alignment: The case for IS adaptivity[J]. Journal of the Association for Information Systems, 2013, 14(6): 283-311.

[195] Cecez-Kecmanovic D, Kay, R. IS-organization coevolution: the future of information systems[C]//The 22th International Conference on Information Systems, New Orleans, LA, 2001: 41-51.

[196] Yeow A. Soh C, Hansen, R. Aligning with new digital strategy: A dynamic capabilities approach[J]. The Journal of Strategic Information Systems, 2018, 27: 43-58.

[197] Sandberg J. Digital Capability: Investigating Coevolution of IT and Business Strategies[D]. Umeå universitet. 2014.

[198] Pelletier C, Raymond L. The IT Strategic Alignment Process: A Dynamic Capabilities Conceptualization[C]//Twentieth Americas Conference on Information Systems, Savannah, 2014: 1-11.

[199] Karpovsky A, Galliers R D. Aligning in practice: from current cases to a new agenda[J]. Journal of Information Technology, 2015, 30(2): 136-160.

[200] Wetering R, Mikalef P, Pateli A. A strategic alignment model for IT flexibility and dynamic capabilities: toward an assessment tool[C]//Twenty-Fifth European Conference on Information Systems, Guimarães, Portugal, 2017: 1-19.

[201] Rai A, Tang X. Information technology-enabled business models: a conceptual framework and a coevolution perspective for future research[J]. Information Systems Research, 2014, 25(1): 1-14.

[202] Merali Y, Papadopoulos T, Nadkarni T. Information systems strategy: Past, present, future?[J]. The Journal of Strategic Information Systems, 2012, 21(2): 125-153.

[203] Khan M A. An Integrated Framework to Bridging the Gap between Business and Information Technology-A Co-evolutionary Approach[J]. Canadian Journal of Pure and Applied Sciences, 2013, 7(3): 2611-2618.

[204] Bodhuin T, Esposito R, Pacelli C, Tortorella M. Impact Analysis for Supporting the Co-Evolution of Business Processes and Supporting Software Systems[C]//CAiSE Workshops,

2004: 146-150.

[205] Kandjani H, Tavana M, Bernus P, Nielsen, S. Co-Evolution Path Model (CePM): Sustaining Enterprises as Complex Systems on the Edge of Chaos[J]. Cybernetics and Systems, 2014, 45(7): 547-567.

[206] Besson P, Rowe F. Strategizing information systems-enabled organizational transformation: A transdisciplinary review and new directions[J]. The Journal of Strategic Information Systems, 2012, 21(2): 103-124.

[207] Haes S, Van Grembergen W. An exploratory study into IT governance implementations and its impact on business/IT alignment[J]. Information Systems Management, 2009, 26(2): 123-137.

[208] Teece D J. Dynamic Capabilities and Strategic Management: Organizing for Innovation and Growth: Organizing for Innovation and Growth[M]. Oxford University, Oxford, U.K., 2009.

[209] Teece D J. The foundations of enterprise performance: dynamic and ordinary capabilities in an (economic) theory of firms[J]. Acad. Manage. Perspect. 2014, 24(4): 328-352.

[210] Senge P M. The fifth discipline, the art and practice of the learning organization[J]. Performance Improvement, 1991, 30(5): 37.

[211] Borshchev A, Filippov A. From system dynamics and discrete event to practical agent based modeling: reasons, techniques, tools[C]//The 22nd international conference of the system dynamics society Oxford, England, 2004: 1-23.

[212] Fiss P C. Building better causal theories: A fuzzy set approach to typologies in organization research[J]. Academy of Management Journal, 2011, 54 (2): 393-420.

[213] Onik M F A, Fielt E, Gable G G. Towards a complex adaptive systems roadmap for information systems research[C]//Proceedings of the 21st Pacific Asia Conference on Information Systems, 2017: 106-120.

[214] Tivnan B F. Coevolutionary dynamics and agent-based models in organization science [C]//37th conference on Winter simulation conference, 2005: 1013-1021.

[215] McKelvey B. Avoiding complexity catastrophe in coevolutionary pockets[J]. Organization Science, 1999, 10(3), 294-321.

[216] Lewin A Y, Volberda H W. Coevolution of Strategy and New Organizational Forms[J]. Special Issue of Organization Science, 1999, 10(5): 519-534.

[217] Kauffman S. The origins of order: selforganization and selection in evolution[M]. New York: Oxford University Press, 1993.

[218] Cabrera A, Cabrera E F. Knowledge-sharing Dilemmas[J]. Organization Studies, 2002, 23(5): 687-710.

[219] Kearns Grover S, Albert L L. A resource - based view of strategic IT alignment: how knowledge sharing creates competitive advantage[J]. Decision sciences, 2003, 34(1): 1-29.

[220] Bordia P, Bernd E I, David A. Differences in sharing knowledge interpersonally and via databases: The role of evaluation apprehension and perceived benefits[J]. European journal of work and organizational psychology, 2006, 15(3): 262-280.

[221] Haas M R, Morten T H. Different knowledge, different benefits: Toward a productivity perspective on knowledge sharing in organizations[J]. Strategic Management Journal, 2007, 28(11): 1133-1153.

[222] Joseph K, et al. On the coevolution of stereotype, culture, and social relationships: an agent-based model[J]. Social Science Computer Review, 2014, 32(3): 295-311.

[223] Zwietering M H, et al. Modeling of the bacterial growth curve[J]. Applied and environmental microbiology, 1990, 56(6): 1875-1881.

[224] Fioretti G. Agent-based simulation models in or ganization science[J]. Organizational Research Methods, 2013, 16(2): 227-242.